古写真で読み解く
福岡城

後藤仁公

海鳥社

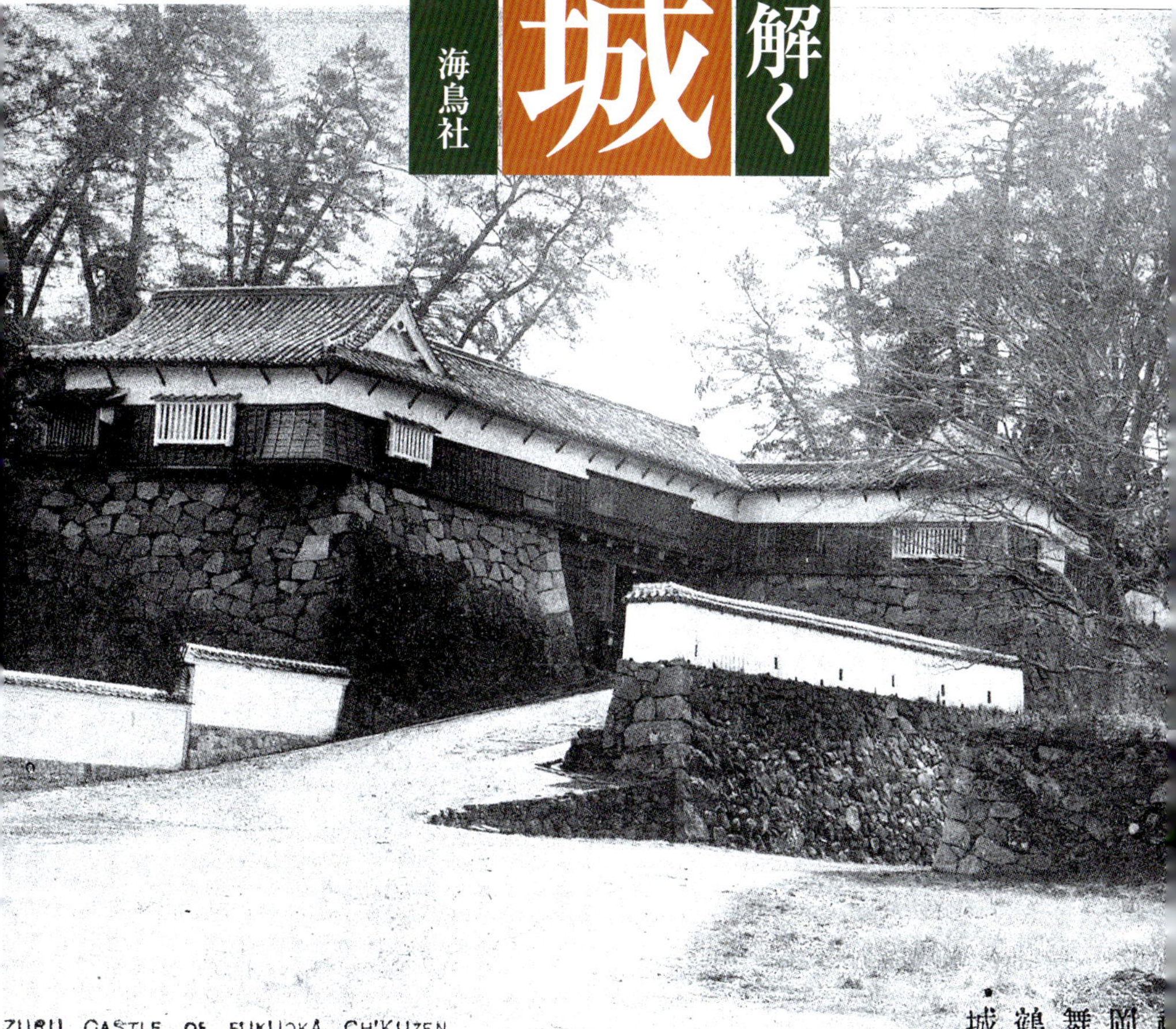
ZURU CASTLE OF FUKUOKA CHIKUZEN
城鶴舞岡

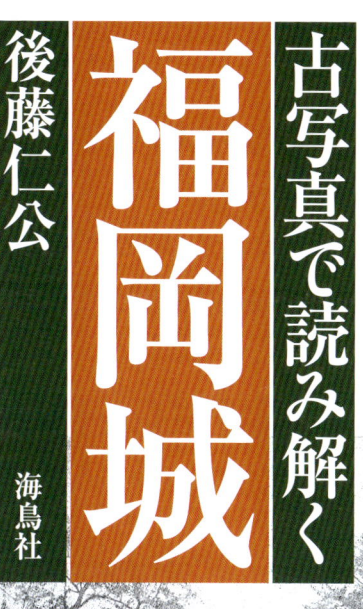

古写真で読み解く福岡城◉目次

福岡城の歴史

築城以前

天正十五（一五八七）年、豊臣秀吉は九州平定後、豊前国六郡の領地を黒田官兵衛（孝高《よしたか》、出家後は如水《じょすい》）に与えた。官兵衛は翌年、山国川《やまくに》河口の中津《なかつ》の地に築城を開始した。中津城の始まりである（現在の大分県中津市）。その後、同十七年に官兵衛は家督を嫡男《ちゃくなん》・長政《ながまさ》に譲り、秀吉の側近として仕えた。

慶長五（一六〇〇）年、関ヶ原の戦いが勃発。徳川家康率いる東軍と石田三成率いる西軍は、九月十五日、美濃関ヶ原（現在の岐阜県不破郡関ヶ原町）で戦い、東軍の勝利となった。東軍・家康方についた黒田長政は、この戦いの勝利に大きく貢献し、その功績により筑前五十二万三千石を与えられ、この年の十二月、父・官兵衛と共に名島《なじま》城に入った。

名島城の以前の城主であった小早川秀秋は、関ヶ原の戦いにおいて、当初は西軍の石田三成方に加わっていたが、合戦当日に東軍に転じ、徳川家康に勝利をもたらした。その功績により備前国と美作《みまさか》国五十五万石を与えられ岡山城に移封。また黒田氏の居城であった豊前中津城には細川氏が豊前国と豊後国二郡三十九万石で入封している。

福岡城の築城

慶長五年十二月、父・官兵衛と共に名島《なじま》城に入った黒田長政は、城下町が狭いことや、古くから栄えて

福岡城下之橋御門周辺。北側の堀と下之橋御門（左）と伝潮見櫓（右）

いる都市である博多と距離が離れていたため、新たな場所に築城を計画した。新しい城郭建設候補地として検討されたのは、住吉、箱崎、荒津山《あらつやま》（現在の西公園）、福崎であり、最終的に選んだ場所は福崎であった（貝原益軒《かいばらえきけん》「黒田家譜」）。

こうして、慶長六年より那珂《なか》郡警固《けご》村福崎の丘陵地を造成し、築城が開始された。そのため名島城は解体され、石垣や建造物の多くは新しい城の建設資材として転用された。

築城は、黒田長政の家臣の中から精鋭として選ばれた黒田二十四騎の中から、石垣作りの名人と言われた野口一成《かずなり》（佐助）や益田正親《まさちか》らを中心として進められ、七年の歳月をかけ完成したといわれている。

城は、黒田家祖先のゆかりの地である、備前国邑《お》久《く》郡福岡（現在の岡山県瀬戸内市長船《ながふね》町）の地名から、「福岡城」と名付けられた。しかし、すでに隠居生活を送っていた官兵衛は、城の完成を見ることなく、京都伏見の黒田藩邸において慶長九年に世を

六端城、福岡城、小倉城の位置図（明治37年福岡県地図に記載）

去った。享年五十九であった。

筑前六端城

黒田長政は福岡城のほかに、主に豊前との国境に六か所の支城を築いた。これは、関ヶ原の戦いの後も、まだ全国の大名同士の間には緊張感が続いており、不安定な時期であったため、隣国豊前に新たに入った細川氏に対する構えとしたものであろう。細川氏も中津城から、大改修した小倉城へ居城を移し、いくつかの支城を構え、黒田氏に対抗した。

長政が新たに築いた城は、若松城（城主・三宅《みやけ》三太夫、二七五〇石、現・北九州市若松区洞海《どうかい》湾入口付近）、黒崎城（城主・井上之《ゆき》房《ふさ》、一万七〇〇〇石、現・北九州市八幡東区の道伯山《どうはくさん》山頂）、鷹取《たかとり》城（城主・母里《もり》太兵衛→手塚光重《てづかみつしげ》、一万四〇〇〇石、現・直方《のおがた》市と

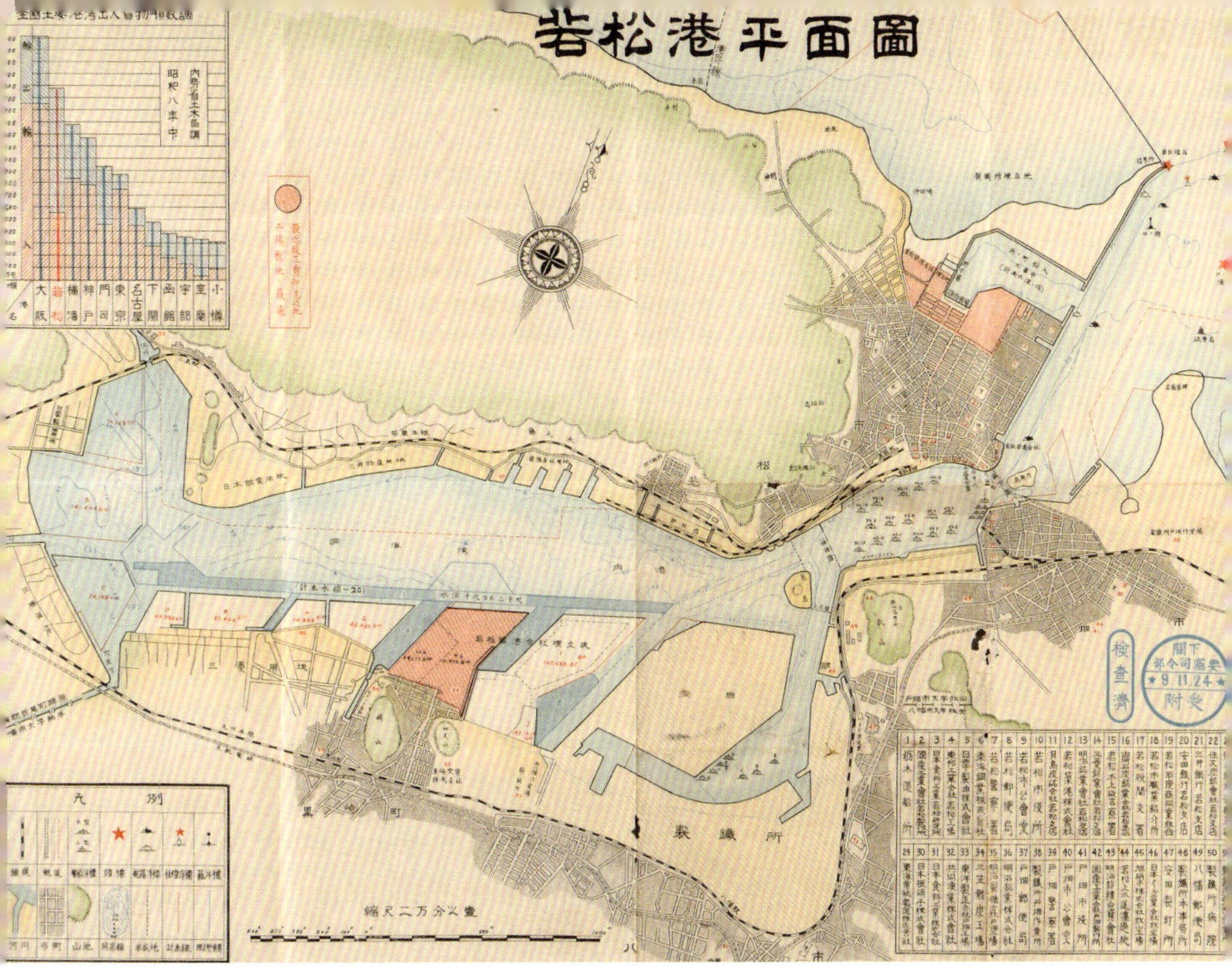

若松港平面図（若松築港株式会社発行。昭和９年11月24日の下関要塞司令部の受付印がある）
右上が若松市、湾を挟んで、その下に戸畑市、中央下が八幡市、その左が黒崎町。埋め立てがかなり進んでいる。戸畑ー八幡ー黒崎には鉄道のほか九軌電鉄の軌道が通っていた。
洞海湾近辺には、筑前六端城のうち、若松城と黒崎城の支城があった。

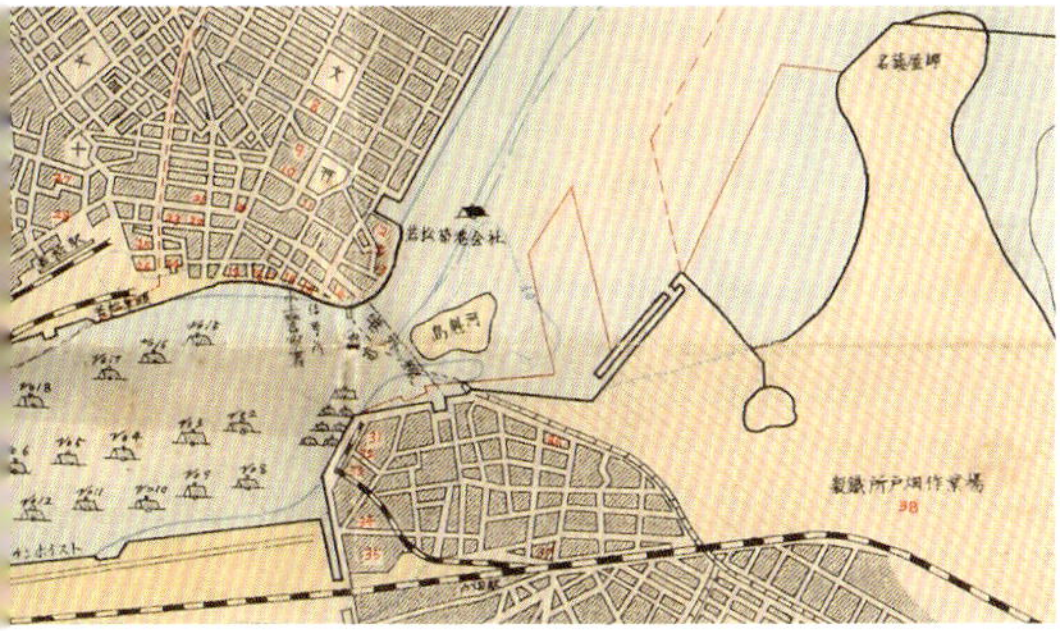

上は若松市と戸畑市部分の拡大図。洞海湾の入り口にある島に若松城が築かれていた。河魁島と記載されている。当時は中島といわれていたようである。この島は昭和14年から始まった洞海湾改修工事により削平されて消滅。遺構は残っていない。

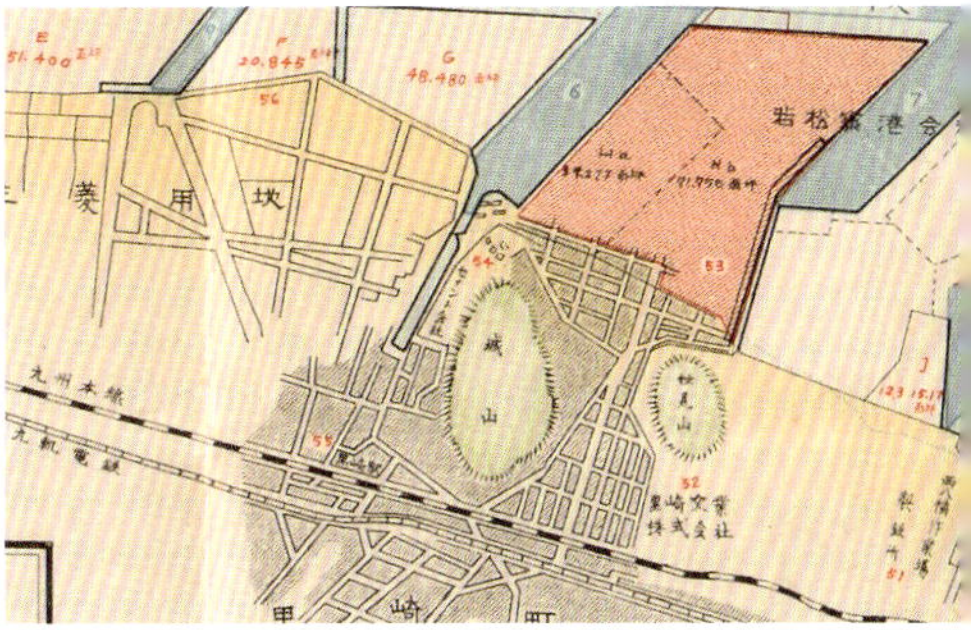

右は黒崎町部分の拡大図。黒崎城が築かれていた場所は城山と記載され、山地になっている。現在は道伯山と表記されている。

「正保福博惣絵図」の控図（福岡市博物館蔵）
現存する福岡城の絵図では最も古いもので、「正保城絵図」といわれている。「正保城絵図」とは、徳川幕府三代将軍・徳川家光が正保元（1644）年に全国の諸大名に命じて作成させた城と城下絵図のことである。この絵図には、櫓や門がよく描かれており、外観のおおよその形状が読み取れる。城郭の周囲は堀で囲まれており、西側は大堀、東側は中堀、肥前堀が那珂川まで続いていた

田川郡福智《ふくち》町の鷹取山山頂）、益富《ますとみ》城（城主・後藤又兵衛基次→母里太兵衛、一万四〇〇〇石、現・嘉麻《かま》市大隈《おおくま》の城山）、松尾城（城主・中間《なかま》六郎右衛門、二五〇〇石、現・朝倉郡東峰《とうほう》村小石原《こいしわら》の裏山）、麻氏良《までら》城（城主・栗山四郎右衛門、一万五〇〇〇石、現・朝倉市杷木志《はきし》波《わ》・山田の麻底良山）である。

これらの支城は「筑前六端城《ちくぜんろくはじょう》」と呼ばれ、織豊《しょくほう》系の高度な築城技術によるものであった。それぞれに黒田家の重臣を配して守備を固めていたが、元和《げんな》元（一六一五）年の一国一城令により、六城とも廃城になった。

福岡城の構造

福岡城は赤坂山から北に延びる福崎の

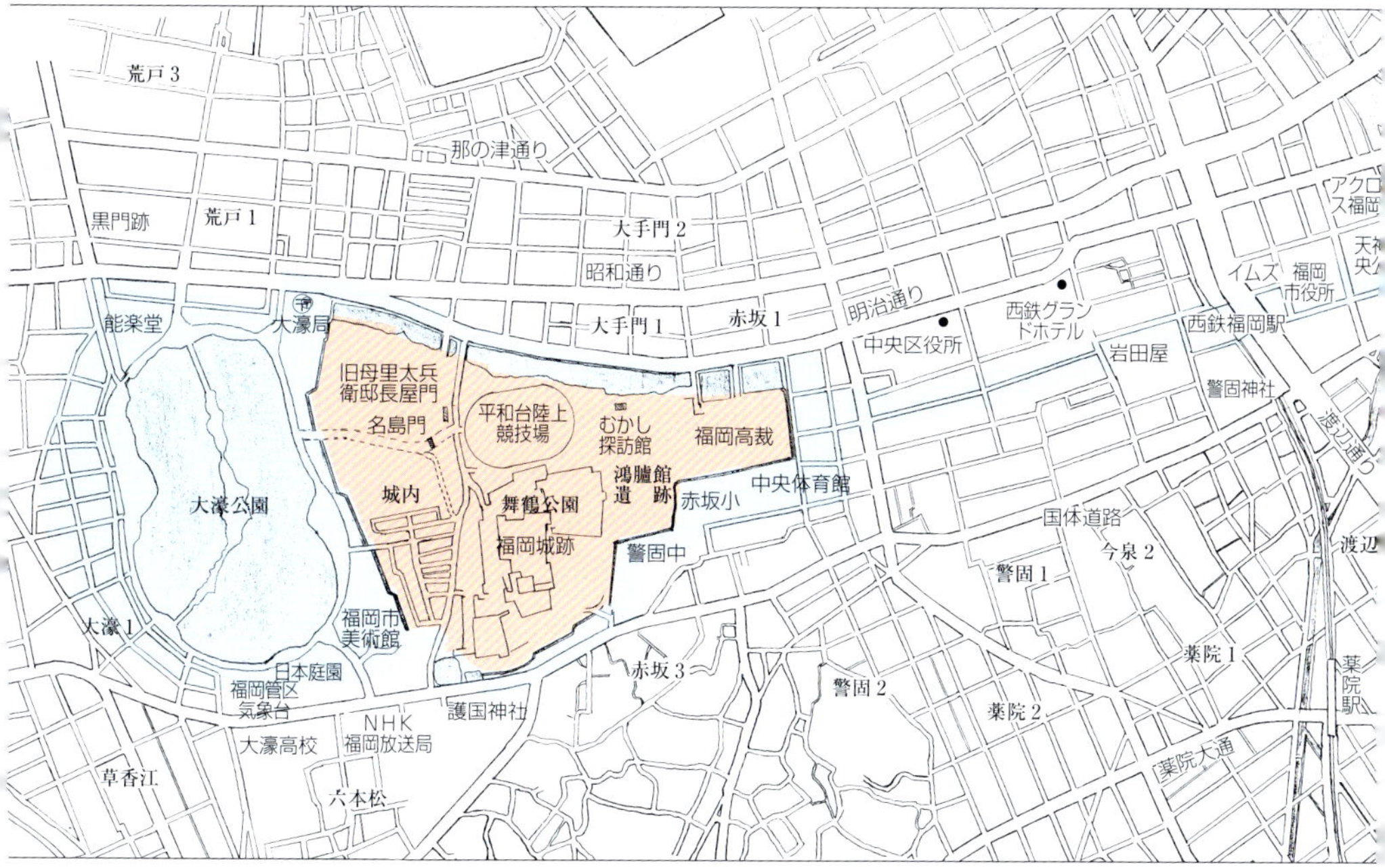

福岡城の範囲図（参考図）

現在の地図に当時の城郭・堀のおおよその位置を記載した。制作にあたって次の資料を参考にした。「福岡博多及郊外地図」（大正11年）、「福岡城模型見学のしおり」（株式会社しんわ）、『福岡城の櫓』（福岡市）より「福岡御城下絵図」ほか掲載の絵図、福岡市史特別編『福岡城』、『福岡市』（福岡市・大正５年）より「福岡市実測図」

丘陵地を造成しており、地形上は平山城《ひらやまじろ》に分類される。最高部に天守台（標高三六メートル）、その下に本丸（標高二三メートル）があり、東・北・西側の三方に二の丸、三の丸を配し、周囲は広大な堀で囲まれていた。特に西側の堀は草香《くさ》江《え》の入江を利用した広大な大堀であった。

本丸の南側は、赤坂山の丘陵地とつながっていたため、切通《きりどお》しと呼ばれる造成を行い、堀を設け、城郭域と分離した。天守台、本丸、二の丸、三の丸がある内郭は、北側に上之橋《かみのはし》御門と下之橋《しものはし》御門を設けて外郭への出入口とし、南西側には追廻《おいまわし》御門を設け、南側の外部への出入口とした。また、それぞれ堀の部分には橋を架け、この三門により内郭の防備を固めていた。なお、北側の二門は、江戸に近い東側の門を上之橋御門、江戸より

福岡城北側にある上之橋御門周辺の現在の様子（北側から撮影）

離れた西側の門を下之橋御門と呼んでいる。

城の東側は中堀と、佐賀藩の協力によって造られた肥前《ひぜん》堀が、博多との境である那珂川まで延びており、河川の流れを取り込んでいた。外郭は、東に那珂川、北は博多湾、南は肥前堀・中堀・内郭・大堀、西は大堀から博多湾につながる簗《やな》堀に囲まれた範囲で、外郭には六か所の門を配置した。

東側は博多との境、那珂川の西岸に東取入門を設けた。東取入門は枡《ます》形《がた》になっており、南北二か所に門が建てられていた。そのほか、南側には、西から、肥前堀の端部に設けられた春吉門（数馬《かずま》門）、佐賀堀と中堀の境に薬院《やくいん》門、中堀の西端には赤坂門を設けた。いずれも枡形になっていたが、門建築はそれぞれ一か所であった。西側には大堀の北西に西取入門（黒門）を設けていた。現在、城域のうち約四八万平方メートルが国の史跡に指定されている。

築城から幕末まで

完成した福岡城内には、広大な堀や石垣と、櫓《やぐら》や門、御殿、大身《たいしん》屋敷など多くの建築物が建てられていた。これらの堀や石垣、建築物は、完

福岡城南西側に位置する追廻御門近くの現況。右側の石垣は鉄物櫓の石垣台（南側から撮影）

成から幕末までの約二百六十年の間に、大風や大雨、火災などのほか、老朽化もあり、そのたびに修理や建て替えが行われたことが記録に残っている。この時代には、城郭の修理や建て替えは無断で行ってはならず、幕府の許可が必要であったため、その都度、幕府に願い出ていた。

主な被害要因をあげると、明暦二（一六五六）年の大風、元禄八（一六九五）年の大雷雨、享保十（一七二五）年の福岡大火（薬院口門焼失）、元文二（一七三七）年の城内屋敷よりの出火（上之橋御門焼失）、文政十一（一八二八）年の大雨・大風（本丸の櫓などが倒壊）などである。また享保十六（一七三一）年には、江戸にあった中屋敷、上屋敷が火災により焼失したため、福岡城の建築物（小書院《こじょいん》、大広間、二の丸大台所ほか）を解体し、江戸へ送っている。

特に大きな変化があった場所は、三の丸東側と西側であろう。三の丸東側では、東北と東南の角にあった櫓二棟が寛永期（一六二四－四四年）ごろに撤去されている。三の丸の西側では築城当初はなかった三の丸御殿が、最初は二の丸西側下に建てられ、その後、三の丸北側（高《たか》屋敷西側）へ新たに建築されている。この三の丸御殿は、明治四（一八七一）年から同九年まで福岡県庁として使用された。

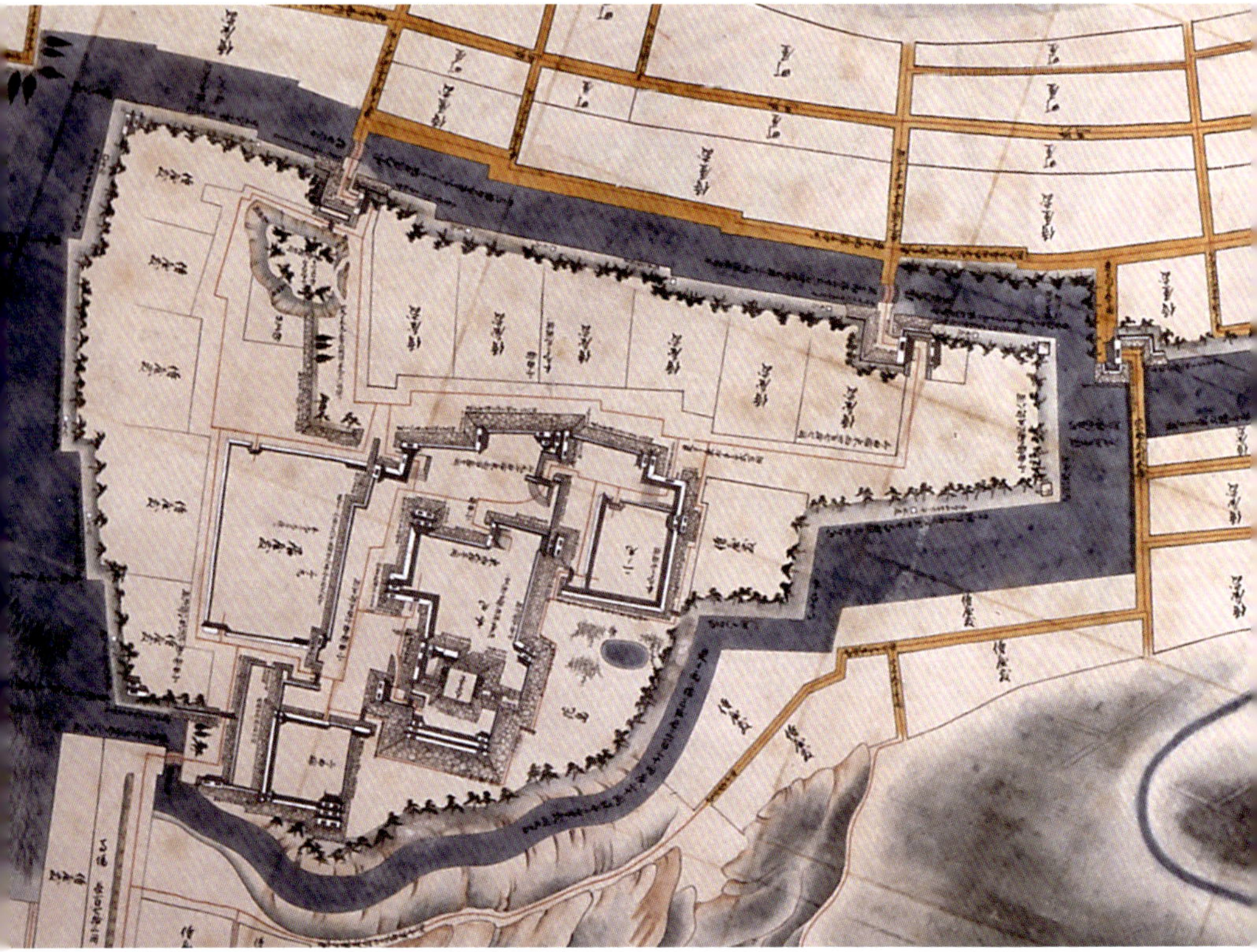

「正保福博惣絵図」の控図、福岡城の部分（福岡市博物館蔵）

福岡城の建造物

往時の福岡城には、櫓四十七、門十か所があったといわれている。本丸には、二重の多聞《たもん》櫓の両端に三重櫓を構えた武具《ぶぐ》櫓が南側に、時を報せた時櫓が西北角に、鬼門《きもん》を守護する祈念《きねん》櫓が東北角に配置され、二の丸からの出入口として、表御門が北側に、裏御門が西側に構えられた。また、武具櫓がある南側の郭《くるわ》には、武具櫓御門があった。そのほか、本丸御殿、月見櫓、太鼓櫓、鉄砲櫓、天守櫓など多くの建物があった。

天守は天守台のみで、建物は建てられなかったといわれていたが、近年、天守があったとされる文書資料

三の丸概略図

三代藩主光之が三の丸西側に御殿を建築した以降の時期を想定。ただし、三の丸東側の大身屋敷には、福岡城完成時期に居住していた主な家臣と東端の櫓を記載した

が発見されており、天守の存否や復元について議論されている。絵図や建築図面の発見に期待したい。

二の丸には、三の丸からの出入口として、松木坂《まつのきざか》御門が北西に、東御門が東北に、桐木坂《きりのきざか》御門が西側に構えられた。北側中央付近には、高低差で区画している部分に扇坂《おうぎざか》御門があった。

櫓も、松木坂御門の両脇に大組《おおぐみ》櫓と屏風《びょうぶ》櫓、東御門に続く革《かわ》櫓、追廻橋正面石垣上に鉄物《かなもの》櫓、そのほか、渋紙《しぶがみ》櫓、向《むかい》櫓、万《よろず》櫓、炭《すみ》櫓などが配置された。

また二の丸の東北側の部分は東二の丸として区画されており、二の丸御殿が建っていた。南西側は南の丸（南二の丸）として区画され、城内

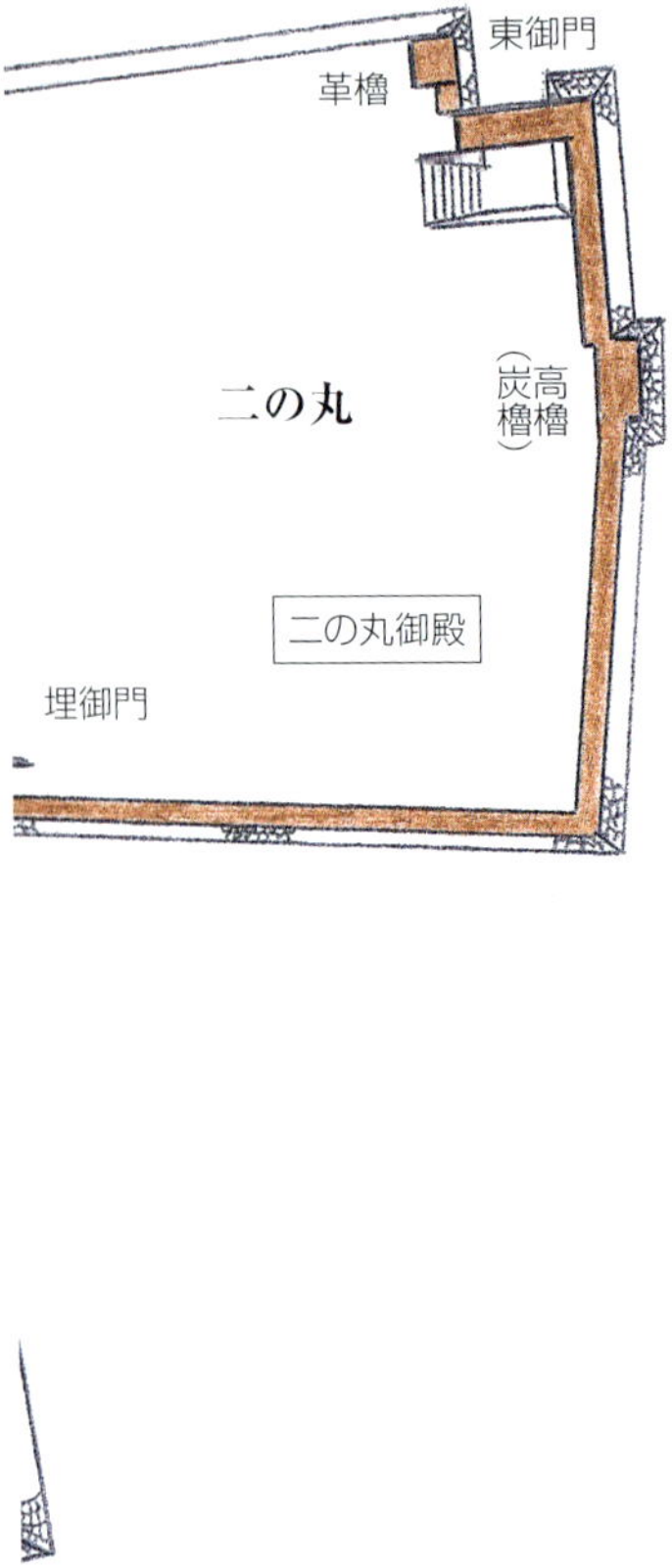

で一番高い櫓であると思われる南三階櫓や、多聞櫓（西平櫓、西角櫓、北角櫓）が配置された。

三の丸は家老や中級家臣の屋敷が置かれ、要所に櫓を配置した。博多湾の監視をしていたと思われる潮《しお》見《み》櫓が西北角に、花見《はなみ》櫓が南西角に配置された。また築城初期頃には東側端部にも二か所の櫓があったようである。

三の丸西部の下之橋御門南側には、地盤が数メートル高くなっている場所がある。ここは高屋敷（鷹屋敷）と呼ばれ、黒田官兵衛（如水）の隠居所であった。この高屋敷の西側に藩主の居屋敷が建てられた。築城当初は本丸御殿を居屋敷としていたと思われるが、二代藩主・忠之の時代に二の丸西側下部の三の丸内に造られ、その後、高屋敷の西側に移されて、御下屋敷、または西の丸と呼ばれていた。御下屋敷は藩主の住居だけでなく、郡の役所など藩政の場でもあった。

二〇ページ以降に福岡城の主な建造物の一覧表を示す。

本丸・二の丸・南の丸
主要建造物配置図

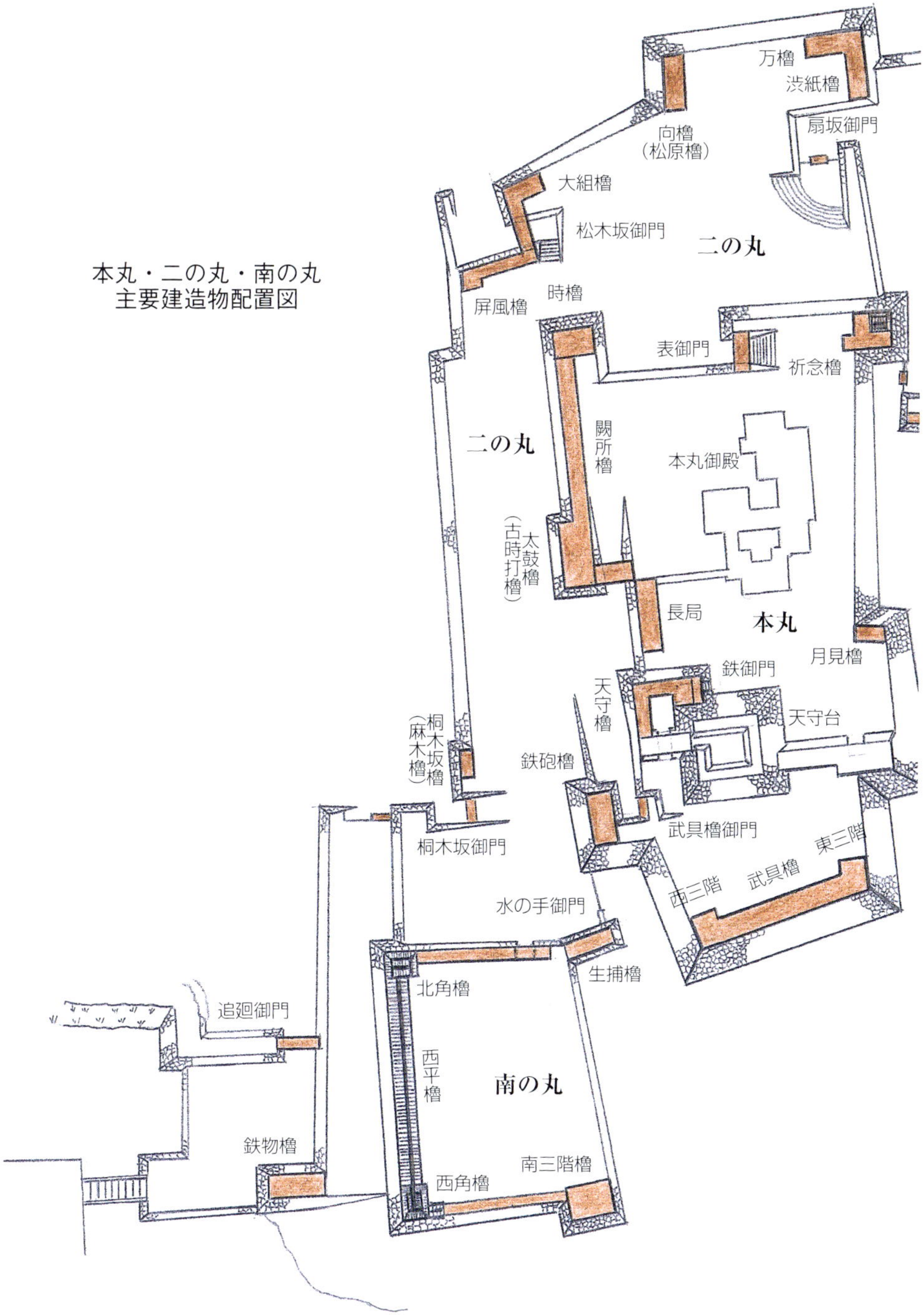

■本丸の主要な建造物

天守台 中・小天守台	築城当初は天守があったという説もあるが、絵図や図面などは現在まで発見されていない
武具櫓 (多聞櫓)	二重多聞櫓。両端は三階櫓。武具類が納められていた。黒田別邸へ移築されていたが、戦災で焼失
武具櫓 (東三階櫓)	三重。多聞櫓の東端に建っていた。黒田別邸へ移築されていたが、戦災で焼失
武具櫓 (西三階櫓)	三重。多聞櫓の西端に建っていた。黒田別邸へ移築されていたが、戦災で焼失
武具櫓御門	櫓門。本丸南側にある武具櫓に通じる門
鉄砲櫓	平櫓。大砲や鉄砲、玉などが納められていた
鉄《くろがね》御門	櫓門。天守曲輪への出入口
天守櫓	二重。廃藩となった直方藩の武具などが納められていた
長局	平櫓。裏御門から天守櫓下まで続く建物
本丸裏御門	櫓門。西側の出入口。黒田別邸へ移築されていたが、戦災で焼失
太鼓櫓	二重。時を報せる太鼓を打っていた。太鼓を時櫓に移した後は、書庫として使用され、測量図などを保管。別名、古時打櫓・伊之助櫓。現存の伝潮見櫓と思われる
闕《けつ》所《しょ》櫓	多聞櫓。罪過を犯した藩士の武具類が収められていた
時櫓	二重。太鼓櫓から太鼓をこの櫓に移設。別名時打櫓
本丸表御門	櫓門。北側の出入口。移築・改造され崇福寺山門として現存
祈念櫓	二層。本丸の鬼門を守護する櫓
伝祈念櫓 (移築)	二重。八幡の大正寺に移築されていた櫓で、現在は城内の祈念櫓の位置に建っている。当時の祈念櫓の形状とは大きく異なっており、詳細は不明
月見櫓	二重。八幡の大正寺に移築されたといわれているが、詳細は不明
本丸御殿	築城当初は藩主の屋敷と政務を行う建物であったが、二代藩主忠之が三の丸御殿を建造して後は、三の丸御殿が福岡城の中心になったため、本丸御殿は儀礼と儀式の場となった

本丸天守台（小天守台から撮影）
右は本丸の祈念櫓石垣台に建っている建物

下左は本丸天守櫓の石垣台
右は本丸表御門跡（二の丸西側から撮影）

■二の丸の主要な建造物

松木坂御門	櫓門。西北側からの出入口。上層の櫓内では陶器の製作がされていたり、武器が納められたりしていた時期もあったようである
大　組　櫓	平櫓。寛永期（1624～1644年）は馬廻組の番所として使用。文政10（1827）年より分間方（ぶんけんかた）預かりとなる
屏　風　櫓	平櫓。座敷奉行預かりとなっていた
向　　　櫓	平櫓。大組の番所として使用したり、古い帳簿類や長崎御番御道具、記録類が納められたりしていた。別名　松原櫓
渋　紙　櫓	二重。万櫓とつながっていた。渋紙が納められていた時期もあった
万　　　櫓	二重。渋紙櫓とつながっていた。陶器などが納められていたようである
扇 坂 御 門	二の丸東部と二の丸西部（本丸の北側と西側）を区切っている門で、ここを通過して、本丸表御門より本丸へ上がっていった
革　　　櫓	二重。革を使った武具・馬具・太鼓などが納められていた
東　御　門	櫓門。二の丸東部の正門
高　　　櫓	二重。堅炭が納められていた。別名、炭櫓
埋　御　門	埋門。二の丸東部の西南側から水の手へ出る門
桐 木 坂 櫓	平櫓。武具類、火薬の原料となる麻木が納められていたか。別名、麻木櫓
桐木坂御門	三の丸西部から二の丸への入り口
二の丸御殿	形状や規模などは不明。次期藩主の住まいとして使用されていたが、次期藩主の早世などの問題で次第に利用されなくなり、1700年代後半から解体されていったようである
水　の　手	水源を確保していた曲輪。溜池があった

本丸御門へと続く扇坂御門跡

二の丸東部の正門であった東御門跡

■南の丸の主要な建造物

南三階櫓	三重。東南の角にあった大規模な三階櫓。武具類が納められていたようである
西平櫓	平櫓。武具類や道具類が納められていたようである。現存し、西角櫓と合わせて「南丸多聞櫓」として国の重要文化財に指定されている
西角櫓	二重。武具類が納められていたようである。現存し、重要文化財に指定されている
北角櫓	二重。古写真などの資料に基づき復元された
生捕櫓	平櫓。東北角にあった櫓で、水の手御門を守っていた

南の丸南三階櫓の石垣台

南の丸多聞櫓の
西角櫓

南の丸多聞櫓を内側より見る

上は追廻御門跡付近にある木造の橋
（現代建築）
右は上之橋御門跡

下之橋御門。傍に建っている櫓は伝潮見櫓といわれているが、本丸裏御門の隣にあった太鼓櫓と思われる

■三の丸の主要な建造物

上之橋御門	櫓門。三の丸の北部にあり、福岡城の東側の大手門
下之橋御門	櫓門。三の丸の北部にあり、福岡城の西側の大手門。下層門の部分が一部現存。櫓部分を含め復元された
潮　見　櫓	二重。城郭西北部の隅にあり、博多湾を監視していたか。移築され、花見櫓とつながって崇福寺に建っていたが、現在は、解体され部材は保存されている
追 廻 御 門	福岡城西南に設けられた搦手門。周囲は厳重な構えとなっていた
花　見　櫓	二重。追廻御門の追廻口を防御していた。城郭西南部の角にあり、監視の機能も果たしていた。別名、西物見櫓。移築され、潮見櫓とつながって崇福寺に建っていたが、現在は、解体され部材は保存されている
鉄　物　櫓	平櫓。追廻御門の追廻口を防御していた。江戸後期には鉄物類が納められていた
高　屋　敷	築城当初は黒田如水（官兵衛）の隠居屋敷が建てられていたが、居住していたのは短期間であったと思われる
三の丸御殿	二代藩主・忠之が三の丸西部の二の丸西側下に建造し、その後、三代藩主・光之が三の丸西部の北側に建て替えた。六代藩主・継高が再建して以後、役所としての機能が大きくなってきた。御下屋敷と言われていた。
大 身 屋 敷	築城当初、大身屋敷は三の丸東部と西部に建っていた。家老など大身家臣が居住していた東部の屋敷は、六端城の城主でもある毛利但馬（母里太兵衛：鷹取城）、栗山備後（麻氏良城）、後藤又兵衛（益富城＝大隈城）、井上周防（黒崎城）などの拝領屋敷であったが、その後、屋敷替えも行われた。東部は幕末まで大身屋敷が配置されていたが、西部は三の丸に御殿が建造されると、大身屋敷は減っていき、1700年代後期にはなくなり、馬場となった
櫓 （東の丸）	築城当初、三の丸東端は東の丸と呼ばれ、東北角と東南角に櫓が建っていた。この二カ所の櫓は寛永期（1624～1644年）ごろに撤去されている。東の丸には黒田長政が居住していたが、本丸完成後は栗山備後の屋敷となった。その後、黒田騒動により、栗山家は屋敷を退去した

＊築城当初の櫓や門は城の防御が重要な役目であったと思われるが、安定した時代に入ると、倉庫などとして使用されていた。

参考資料；福岡市史特別編『福岡城』、福岡市教育委員会『福岡城の櫓』、朝日新聞福岡本部『福岡城物語』

福岡城の現状

現在、本丸から三の丸一帯は舞鶴《まいづる》公園、西側の大堀は県営大濠公園として多くの市民や観光客の憩いの場として活用されている。公園内には平和台陸上競技場やテニスコートなどのスポーツ施設、福岡市美術館、能楽堂、日本庭園などの文化施設が設置されている。

城内に残っている、現存・移築または復元された建造物は、南の丸多聞櫓の西平櫓・西角櫓・北角櫓、三の丸の下之橋御門、伝潮見櫓、本丸の祈念櫓といわれている建物の六棟である。また、城内にあった建物ではないが、名島城の脇門と伝えられている名島門（市指定文化財）が旧舞鶴中学校校門として利用されていたほか、天神の屋敷にあったものを移築した母里太兵衛邸長屋門（県指定文化財）が高屋敷跡東側の下部に建っている。

三の丸には昭和二十四年より野球場（平和台球場）があったが、改修工事中の昭和六十二年に鴻臚館遺跡が発見された。鴻臚館は平安時代に整備された外交や交易、宿泊の施設である。貿易の拠点としての機能を果たしていたが、十一世紀中ごろに放火により焼失し、その後、再建されずに衰退していった。野球場が撤去された現在も発掘調査が行われており、展示館も建設され、出土品の展示や発掘遺構が公開されている。この鴻臚館跡も福岡城跡とともに国の史跡に指定されている。

平成十六年より、「鴻臚館・福岡城歴史・観光・市民の会」が結成され、現在はＮＰＯ法人として、鴻臚館・福岡城の復元、整備などについて多くの活動を行っている。また平成二十四年、三の丸北側に「福

絵葉書「(福岡百景) 名島公園の全景」(大正後期～昭和初期)
名島城跡を遠望した絵葉書。右端に鳥居が見える。現在、城跡には名島神社が建っている。名島城の建物や石垣は、福岡城築城に転用されたため、遺構はほとんど残っていないが、近年の発掘調査により、石垣などが発見されている。

旧舞鶴中学校校門として利用されていた名島門

高屋敷跡東側の下部に移築された母里太兵衛邸長屋門

岡城むかし探訪館」が造られ、往時の福岡城の精密模型を展示しているほか、昔の福岡城をＣＧ再現した映像や、福岡城関係の書籍も公開されている。

福岡市は平成二十五年に「国史跡福岡城跡整備基本計画（原案）」を策定し、建造物の復元や環境整備について検討を始めた。古写真や絵図などの資料により復元可能と思われる建物として、本丸の表御門（崇福寺《そうふくじ》より移築）、太鼓櫓、裏御門、武具櫓（東三階・西三階櫓とも）、二の丸の松木坂御門と周囲の櫓、東御門と周囲の櫓、鉄物櫓、三の丸の潮見櫓、花見櫓、上之橋御門などが候補にあがっている。多くの建物が復元され、往時の福岡城が甦ることを心待ちにしている。

所在地　福岡市中央区城内
交　通　西鉄バス
　上之橋から入場＝福岡城・鴻臚館前
　下之橋から入場＝大手門・平和台陸上競技場入口
　西側三の丸から入場＝福岡市美術館東口
　西南側追廻御門跡周辺から入場＝福岡城ＮＨＫ放送センター入口
　福岡市営地下鉄空港線
　　赤坂駅または大濠公園駅から徒歩

城内の建造物

外壁が総塗籠の事例
姫路城天守（左）と大阪城伏見櫓

福岡城の櫓建築の特徴

現存する建物や古写真から、福岡城の櫓建築の特徴を探ってみよう。

まず外部の壁であるが、日本の城の外壁を大きく分類すると、塗籠《ぬりごめ》、腰壁下見板張《したみいたば》り、腰壁海鼠壁《なまこかべ》がある。

塗籠は、竹の骨組み（小舞《こまい》）に藁《わら》や砂を混ぜた土を何度も塗り固めた土壁の上に、漆喰《しっくい》を塗って仕上げた工法である。塗籠は防湿・防火・防弾などの効果があり、燃えやすい建材を塗籠で覆うことで、防火性・防水性を高めている。

下見板張りは、板を横にして下から順に貼っていく工法で、雨水の浸透を防ぎやすくするために、下の板に上の板を少し重ねて取り付けていき、外から細長い木で押さえて固定している。表面は柿渋《かきしぶ》に墨を混ぜたものや、黒漆《くろうるし》を塗って仕上げていた。各段の板の傍《そば》（板の長い方の木口）が下側に見えることから、この名がついている。

海鼠壁は平瓦《ひらがわら》を貼って瓦と瓦の目地を漆喰で固める工法である。瓦を使用しているので、防火、防水などの効果がある。

外壁腰壁が下見板張りの事例
熊本城飯田丸五階櫓（左）と岡山城天守

外壁腰壁が海鼠壁の事例
水戸城御三階櫓（左）と金沢城石川門

＊いずれも戦前の絵葉書であるが、熊本城は明治初期の古写真を流用

府内城　東の丸西南隅櫓
軒を方杖で支えている。
漆喰塗仕上げ

熊本城宇土櫓
腕木と出桁で軒を支えている。
漆喰塗仕上げ

福岡城の場合、大半の櫓は腰壁が下見板張り、上部は漆喰壁であったと思われる。しかし、城郭によっては、天守と櫓で異なっていたり、櫓同士でも違っている例もある（岡山城、新発田《しばた》城など）。

現存建物や復元建物、古写真によって明確に判断できる建物で、天守または主要櫓に絞って五十城を分類し、比率を出してみた。ただし、築城当初からの形状であったかは断定できない。

塗籠は、姫路城・江戸城・大阪城・名古屋城・和歌山城・宇和島城・萩城・高知城・弘前城・福山城・会津若松城・大垣城・高松城ほか、五六％。

腰壁下見板張りは、熊本城・松本城・松江城・犬山城・岡山城・広島城・丸岡城・大洲城・松山城、福岡城など、三六％。

腰壁海鼠壁は、金沢城・新発田城・水戸城・鹿児島城八％。

以上のように、約半数が塗籠であった。

福岡城のそのほかの特徴として、軒裏《のきうら》があげられる。

福岡城の軒裏は木材の化粧仕上げとなっており、軒先の

岡山城天守
漆喰塗仕上げ

宇和島城天守
二重目と三重目の軒裏、二重目は腕木、出桁で軒を支えている。漆喰塗仕上げ

松江城天守
木材化粧仕上げ

弘前城二の丸未申（ひつじさる）櫓
木材化粧仕上げ

昭和９年の消印がある絵葉書「福岡城武具櫓」。黒田別邸に移築後の武具櫓の近景。１階や３階の窓はガラス窓に改造されているように見える

垂木口《たるきぐち》（屋根板を支えるために母屋から軒にかけられる材の先端部分）を鼻隠板《はなかくしいた》で隠している。また軒先を方杖《ほうづえ》（補強のために入れる突っ張りの斜め材）と出桁《だしげた》（軒先近くまで前方に出した桁）で支える工法も、福岡城櫓建築の特徴である。九州では府内城（大分県大分市）の櫓にも見られるが、府内城は軒裏が漆喰塗籠になっており、方杖部分も漆喰が塗られている。

　また、格子が窓から外へ張り出して作られている出格子も、福岡城の櫓によく見られる。これは、内部での採光と通風を確保しつつ、外部からの進入と視界を制限できる効果がある。

　多くの城郭櫓建築の屋根は入母屋《いりもや》であり、多聞《たもん》櫓も平櫓が一般的であるが、櫓個別で見ると、南の丸多聞櫓の西角櫓と北角櫓の切妻《きりづま》屋根や、武具《ぶぐ》櫓の二重多聞櫓は類例も少なく、珍しい形状である。

　この章では、現在残っている建物や古写真などによって、在りし日の福岡城の様子と、その後の移り変わりを見てみたい。

福岡城櫓の軒先形状と窓の出格子
左は伝潮見櫓で、窓は出格子となっている。
下は南の丸多聞櫓。多聞櫓の西角櫓の屋根は、ゆるやかな曲線を描いた切妻屋根である

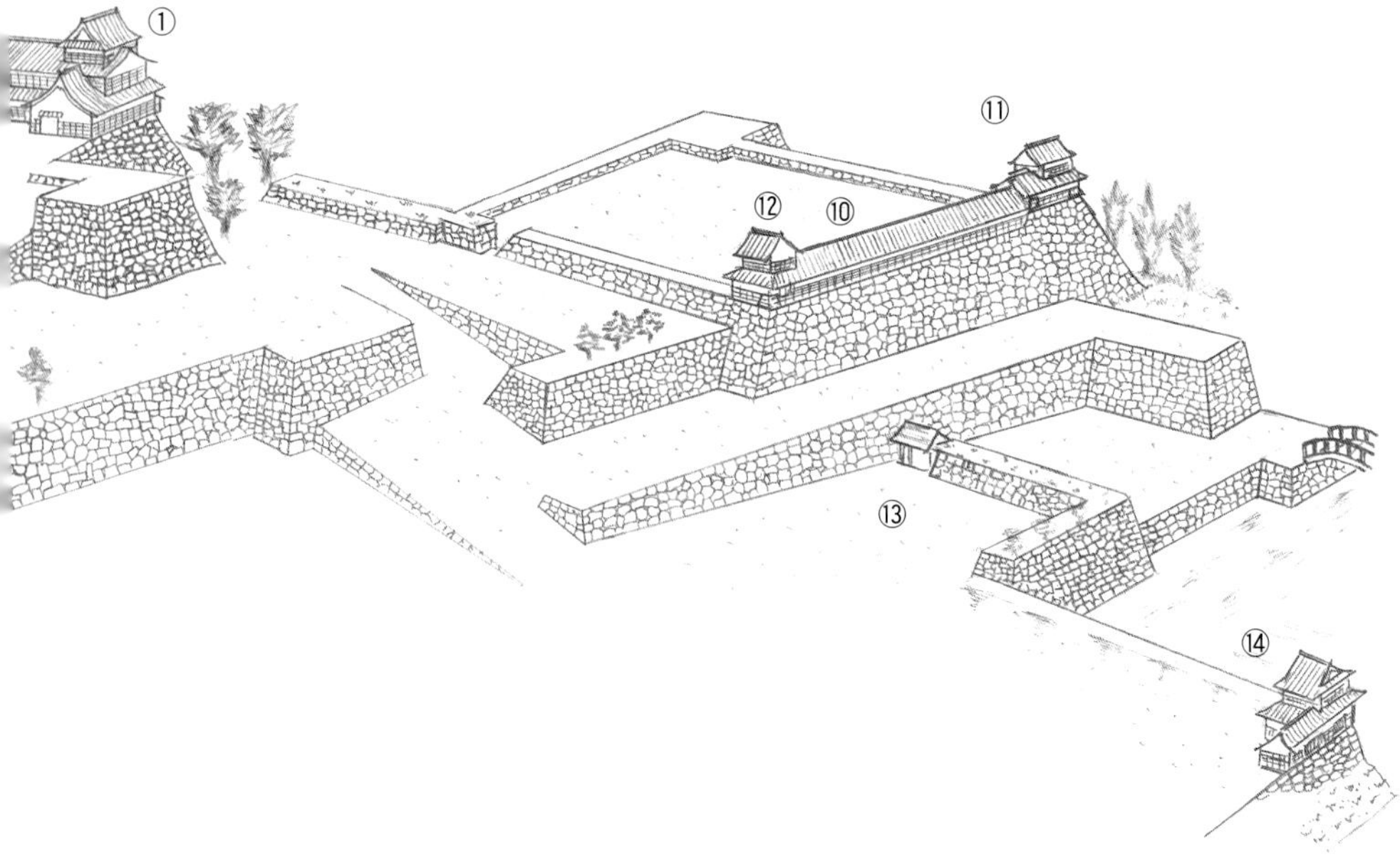
①
⑪
⑫
⑩
⑬
⑭

⑮

明治時代後期の
福岡城推定鳥瞰図

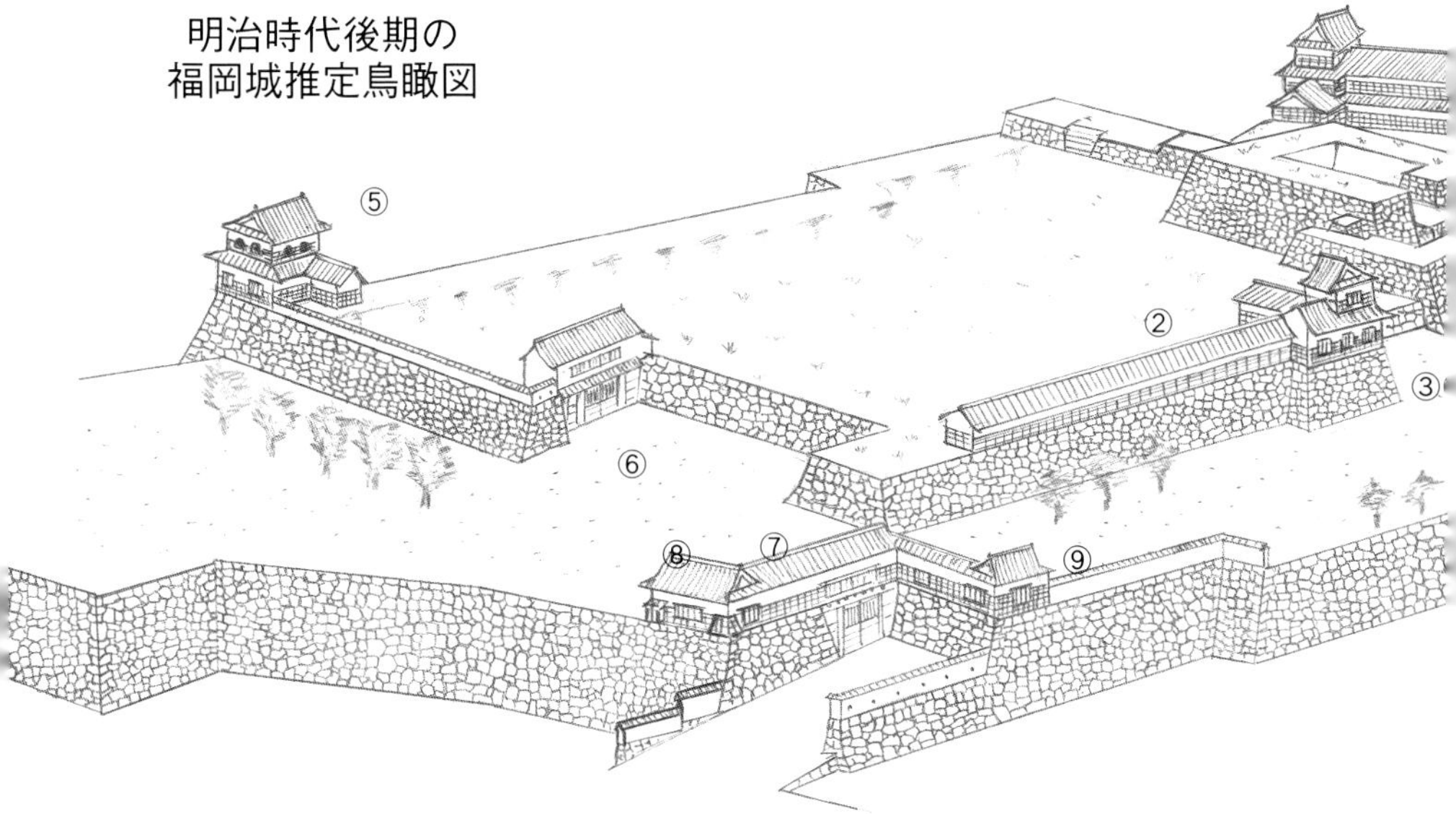

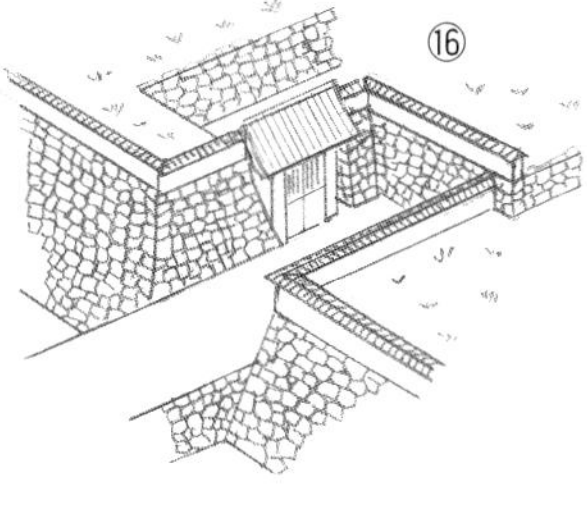

①武具櫓
②闕所櫓
③本丸裏御門
④太鼓櫓
⑤祈念櫓
⑥本丸表御門
⑦松木坂御門
⑧大組櫓
⑨屏風櫓
⑩西平櫓
⑪西角櫓
⑫北角櫓
⑬追廻御門
⑭花見櫓
⑮潮見櫓
⑯下之橋御門

1 絵葉書「筑前福岡舞鶴城」（明治35〜40年ごろ発行）

松木坂御門

まつのきざかごもん

松木坂御門は二の丸北西に配置された城門で、東北に配置された東御門と並んで、三の丸からの主要な出入口であったと思われる。上層は櫓構造であった。

写真1は、松木坂御門付近を写した絵葉書である。中央が松木坂御門、左は大組《おおぐみ》櫓、右は屏風《びょうぶ》櫓（向《むかい》櫓）で、三棟の建物がつながっていたことがわかる。この松木坂御門付近の写真は以前より新聞や書籍で公開されていたが、あまり鮮明なものではなかった。この絵葉書の写真は、かなり鮮明に写っており、当時の状況がよくわかる。絵葉書の裏のスタイルから明治三十五（一九〇二）年ごろから明治四十年ごろの発行と思われ、そのころまでは、これらの建物が残っていたことがわかる。

門と櫓は腰壁が下見板張りになっているが、周囲の塀はすべて漆喰壁になっている。屏風櫓の後ろには塀が続いており、明治後期には塀もかなり残って

2 絵葉書「福岡衛戍」（明治後期〜大正前期発行）

いたのではないかと思われる。

大組櫓と屏風櫓の窓は福岡城の特徴である出格子になっているが、松木坂御門の窓は突き上げ戸（棒で前へ突き上げて庇《ひさし》のように支えて開ける戸）のようである。

現在は、これらの建物も塀もなくなっており、屏風櫓の石垣も失われ、ただ大組櫓の石垣が当時を偲ばせるのみである。

写真2は、明治の終わりごろから大正前期ごろの松木坂御門付近の状況である。すでに松木坂御門や大組櫓の姿はなく、屏風櫓のみが写っている。屏風櫓の左側は改造されており、続塀《つづきべい》のように見える。周囲の塀も屏風櫓の右側はなくなっており、写真左下部分しか残っていない。

右端に建物の一部が写っているが、この場所に建っていた蔵が残っていた可能性もある。

絵葉書の表題が「福岡衛戍《えいじゅ》」となっているのは、この当時、福岡城内には歩兵第二十四連隊が駐屯していたためである。

福岡城跡
(福岡吉田絵葉書部發行)

3 絵葉書「福岡城跡」
(明治後期～大正前期、福岡吉田絵葉書部発行)
写真2とほぼ同じ角度、時期に撮影されたと考えられる

THE OLD MAIZURU CASTLE, AT FUKUOKA.
福岡舞鶴城趾

4 絵葉書「福岡舞鶴城趾」
(明治後期～大正前期発行)
これも、写真2とほぼ同じ角度、時期に撮影されたと考えられる

現在の松木坂御門跡付近。樹木に隠れて古写真と比較しにくいが、右側に見える石垣には屏風櫓から続く塀が建っていた

現在の松木坂御門跡（北西側から撮影）。絵葉書とほぼ同じ角度で、左側が大組櫓の石垣台。屏風櫓が建っていた石垣はなくなっている

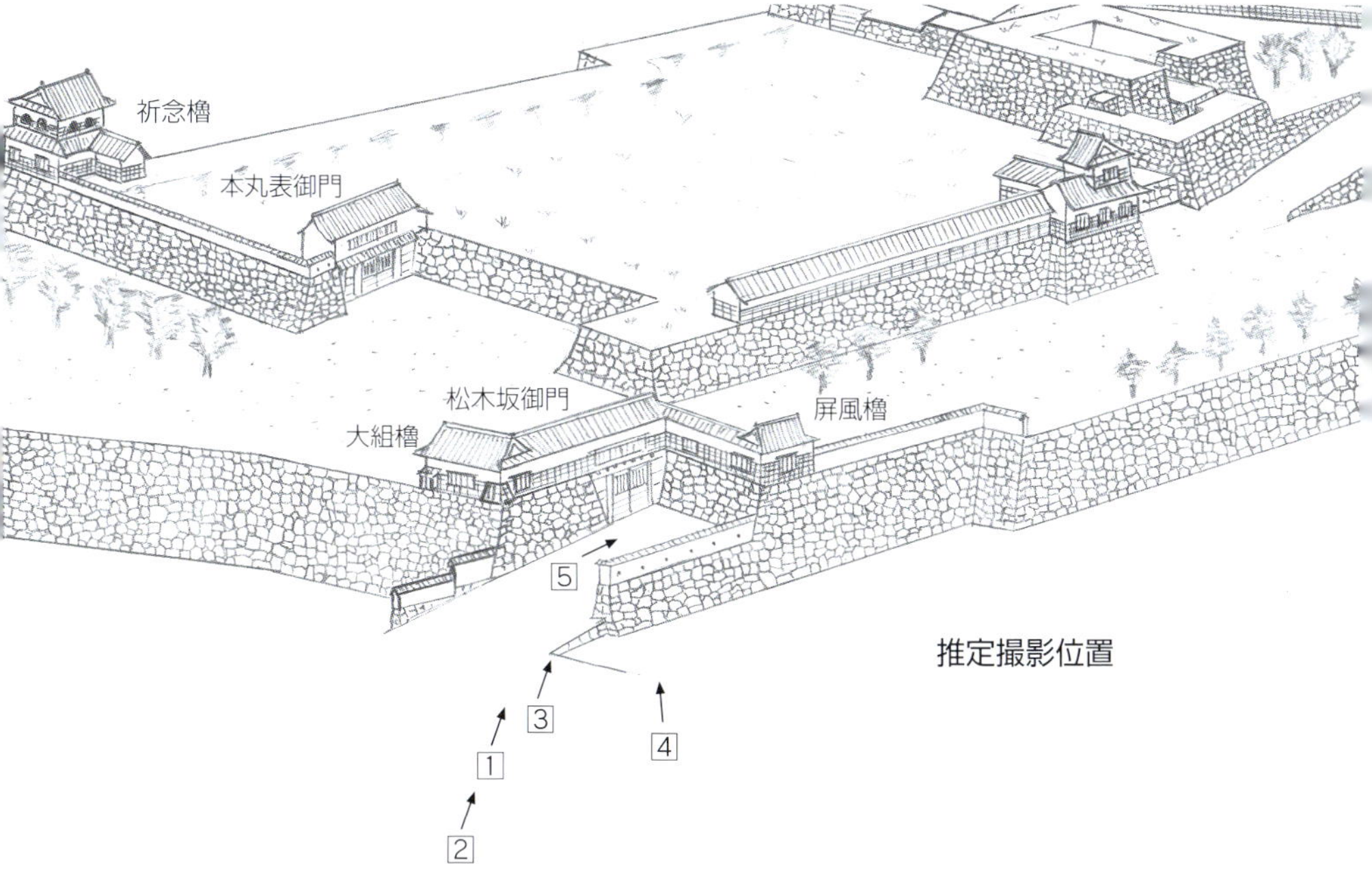
祈念櫓
本丸表御門
松木坂御門
大組櫓
屏風櫓
5
3
1
2
4
推定撮影位置

写真5は、裏面に「歩兵第二十四連隊第二中隊」「明治二十九（一八九六）年八月福岡城に於いて写之」と記されている軍人さんの集合写真である。背景に写っている建物は屏風櫓の北面で、右端には石《いし》落《おとし》が見える。

左側の折れて続いている建物が松木坂御門。部分的ではあるが、わずかに門扉も写っており、鏡柱《かがみばしら》や冠木《かぶき》など松木坂御門の詳細がわかり、福岡城建造物の構造が読み取れる。また、屋根の軒を支える方《ほう》杖《づえ》の状況もよく写っている。

外部の仕上は、屋根が本瓦葺（平瓦と丸瓦を組み合わせた瓦葺）、軒裏は木材の化粧、壁は漆喰塗り、腰壁は下見板張りとなっている。松木坂御門上層櫓部分と門扉部分の位置関係も、この写真により読み取ることができる。

前の三枚の写真（2、3、4）では、この屏風櫓のみが残っており、松木坂御門とそれに続く櫓部分はなくなっており、塀のような建物になっている。

断定はできないが、これらの写真から考えると、松木坂御門は明治時代後期までは残っていて、その後、御門がなくなった後も屏風櫓（向櫓）は残り、一部改修されて大正期までは現存していたことがわかる。しかし、いつごろ撤去（解体・焼失？）されたのかは不明である。今後の資料発見に期待する。

南の丸多聞櫓の石落

5 松木坂御門と屏風櫓（明治29年撮影）

出格子の横にあるのが石落。石落とは、天守や櫓、塀などの外壁と床を石垣より張り出させ、その床面に造られた開口部で、ここから攻めてくる敵兵を鉄砲や矢で撃退するためのもの。櫓門に設けられた例もあり、その場合は外壁ではなく、門扉手前の上部櫓の床面を張り出させ、開口部が造られていた。写真の左側、松木坂御門も床が張り出しているように見える。石落が設けられていた可能性もある。

城門の基本構造は、鏡柱（門を吊り、建築物を支える中心の柱＝主柱）、冠木（左右の柱の上部を貫く横木）、控柱（ひかえはしら・転倒防止のための支柱）、貫（ぬき・鏡柱と控柱をつなぐ）、扉からなる。

6 福岡城古写真（明治期）

本丸闕所櫓《ほんまるけっしょやぐら》

写真6の裏面には「於福岡衛戍病院旧本丸松原取写」と記され、写っている軍人さんたちの氏名が書かれている。撮影年月日は記載されていないが、明治時代の写真であることは間違いないと思われる。

写真左側の石垣上には、鮮明ではないが、多聞櫓のような建物が写っている。この建物が何であるかを推測したい。

明治期に城内に残っていた建物で、このような形状の多聞櫓としては、現存している南の丸の西平櫓があるが、石垣の形状が多聞櫓の先（写真中央部分）から折れて入《いり》隅《すみ》（壁や板など、二つの平面が出合った所の内側の隅）になっており、西平櫓の形状とは異なっている。また裏面には「旧本丸松原」と記載されていることから、本丸の建物と推測される。

現在の本丸西側。石垣が残っているのみ

福岡市教育委員会から発行された『福岡城の櫓』の中に「福岡第二十四聯隊鎮魂紀念祭之圖」（明治二十八年印刷）と、「福岡衛戍略圖」（明治三十五年・福岡日日新聞）が掲載されている。両方の絵図には本丸の西側部分に長い建物が描かれており、石垣の折れた位置も写真とほぼ同様になっているので、この建物ではないかと思われる。『福岡城の櫓』には、この建物は闕所櫓と記載されている。本丸西側の石垣上、時櫓と太鼓櫓との間にあり、ここには、罪を犯した藩士の武具類が収められていた。

上は、写真6とほぼ同位置と考えられる本丸西側の現況である。古写真と同様に奥の方の石垣が右に折れており、よく似ている。ただ古写真と比較すると、石垣の高さが現状のほうが低く感じられる。今の通行路部分は盛土されているのかもしれない。

7 福岡城古写真（明治35年６月撮影）

本丸祈念櫓

ほんまるきねんやぐら

7は、裏面に「明治三十五（一九〇二）年六月撮影」、「歩兵第二十四連隊第三中隊准士官下士一同」と記されている、城内のどこかで撮影された軍人さんたちの写真である。バックに石垣と塀があり、左側には櫓と思われる建物が見える。この櫓の二層目の窓は華頭窓《かとうまど》のようで、これは本丸東北隅にあった祈念櫓（本丸の鬼門《きもん》を守護する櫓）ではないかと思われる。

中央上部の塀のむこうに建築物の屋根が見えている。これが仮に本丸表御門の屋根であれば、左側の櫓は時櫓（時打櫓）になるが、時櫓がこの時期まで残っていたかは疑問であるし、右側に続く塀の説明もできない。もし、時櫓であれば闕所櫓（多聞櫓）が続いているはずである。

写真の反転も考えられるが、制服のボタン掛けが左右逆になってしまうため成り立たない。祈念櫓に付中央上部に屋根が見える建築物は、

現在の本丸北面東側の石垣

いていた建物（付櫓？）であろうか。

上の写真は現在の本丸北側の祈念櫓周辺である。古写真と比較すると、中央の軍人さんの間の石垣の形状が、現在の○印の部分と似ているようにも思える。

この写真の左端は、現在、祈念櫓といわれている建物である。祈念櫓は大正九（一九二〇）年に今の北九州市八幡の大正寺に移築され、昭和五十八（一九八三）年に現在の位置に再度、移築・復元された。しかし古写真と比較すると、その形状は大きく変わっている。次にその詳細を見てみたい。


華頭窓（上枠を火炎形、または花形に造った窓）

8 福岡城本丸祈念櫓の北面（『写真集福岡100年』西日本新聞社より）

8は、大正九年に大正寺に移築される前の祈念櫓の古写真である。現在、祈念櫓といわれている建物とは外観も規模も大きく異なっている。7の古写真と比較すると、写真左側の櫓と、二階の華頭窓が似ている。

写真9は、大正寺に移築されていたころの福岡城の櫓。祈念櫓といわれているが、7、8の古写真の櫓と形状が大きく異なっている。

下は、昭和五十八年に本丸祈念櫓石垣台上に再移築された、大正寺にあった祈念櫓といわれている建物である。『福岡城祈念櫓・月見櫓・大手門のなぞ』の著者・荻野忠行氏は、この建物は、月見櫓と関連があるのではないかと推測している。

⑨ 大正寺に移築されていたころの福岡城の櫓（昭和53年撮影）

現在、本丸東北角祈念櫓石垣台に建つ櫓

ENTRANCE OF THE FUKUOKA MILITARY HOSPITAL.
福岡衛戍病院入口

⑩ 絵葉書「福岡衛戍病院入口」（明治42年の消印がある）

本丸表御門《ほんまるおもてごもん》

⑩は、裏面（宛名面）に明治四十二（一九〇九）年の消印が押されている絵葉書で、本丸西北に位置する時櫓（時打櫓）の石垣台下より本丸表御門西面を写した写真で、明治後期の本丸表御門周辺の状況がわかる珍しいものである。

櫓部分の窓が開いており、突き上げ戸であったことがわかる。本丸表御門の左側（東側）には塀が続いており、その奥には樹木に隠れてかすかに祈念櫓が見える。

表御門は櫓門で、二の丸から本丸への北側の出入口であった。絵葉書には「福岡衛戍病院入口」と記載されているが、この当時は表御門をくぐって階段を上がり本丸へ出ると、衛戍病院があった。

次ページ上の写真は、⑩の表御門の左側を拡大したもの。樹木に隠れているが、左奥に祈念櫓の上部が見え、二階の窓が写っている。表御門から祈念櫓に向かって塀が続いており、この時期には塀もまだ

表御門の左側の拡大写真。奥に祈念櫓が見える

残っていたことがわかる。

表御門は大正七（一九一八）年に現在の博多区千《ち》代《よ》の崇福寺《そうふくじ》に移築され、寺の山門として現存している。祈念櫓は前項の写真8と比較しても同形状に見え、かなりの規模であったと思われる。現在、この位置には大正寺から再移築された櫓が建っている。

次ページの写真11は城内にあったころの本丸表御門で、12は崇福寺に移築された後の昭和五十年代前期に撮影した写真である。二枚を比較すると、二階櫓部分の腰壁が板張りに改造されており、窓の数量や開き仕様も変更されていることがわかる。

現在の本丸表御門の跡

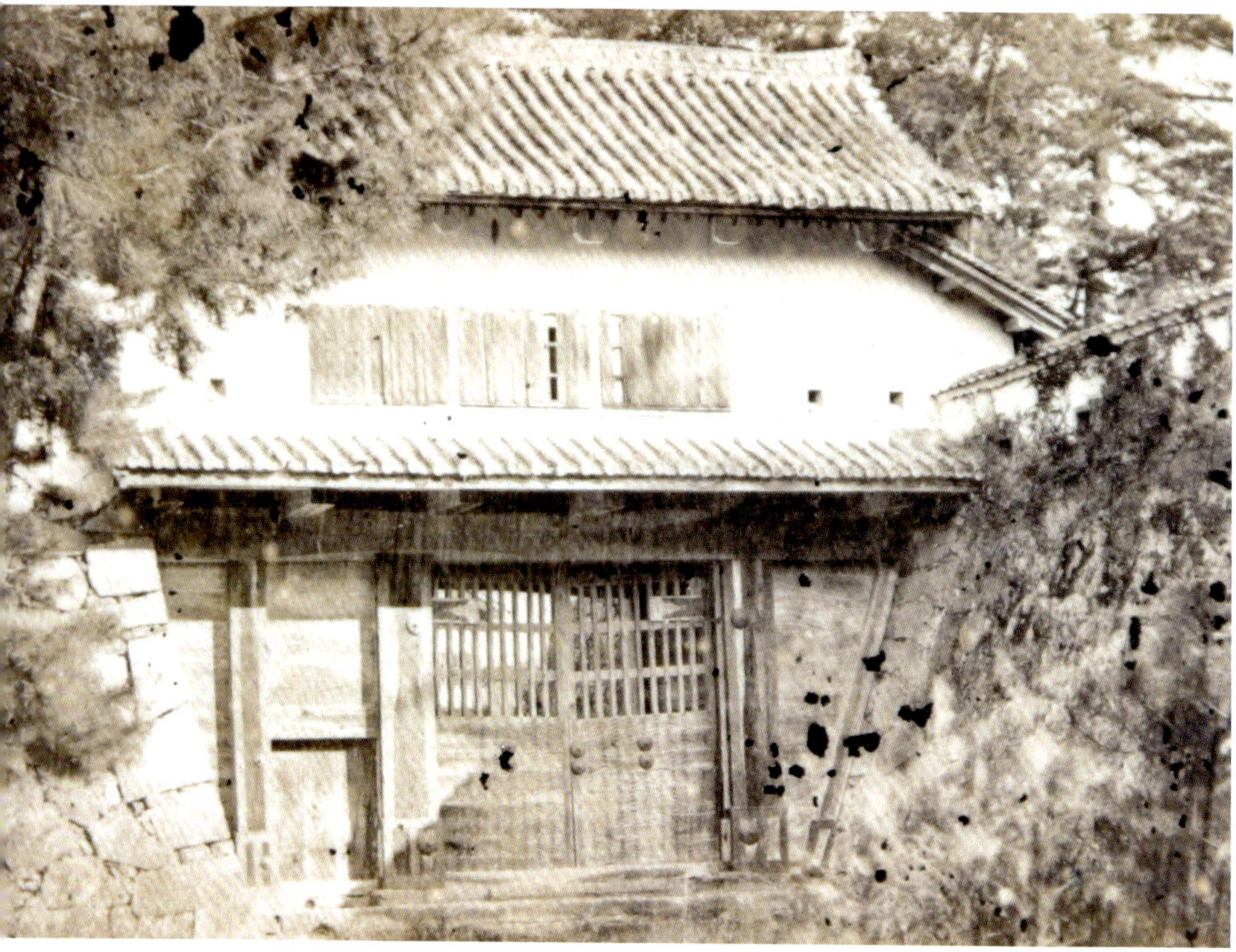

11 本丸表御門（福岡市博物館蔵）

推定撮影位置

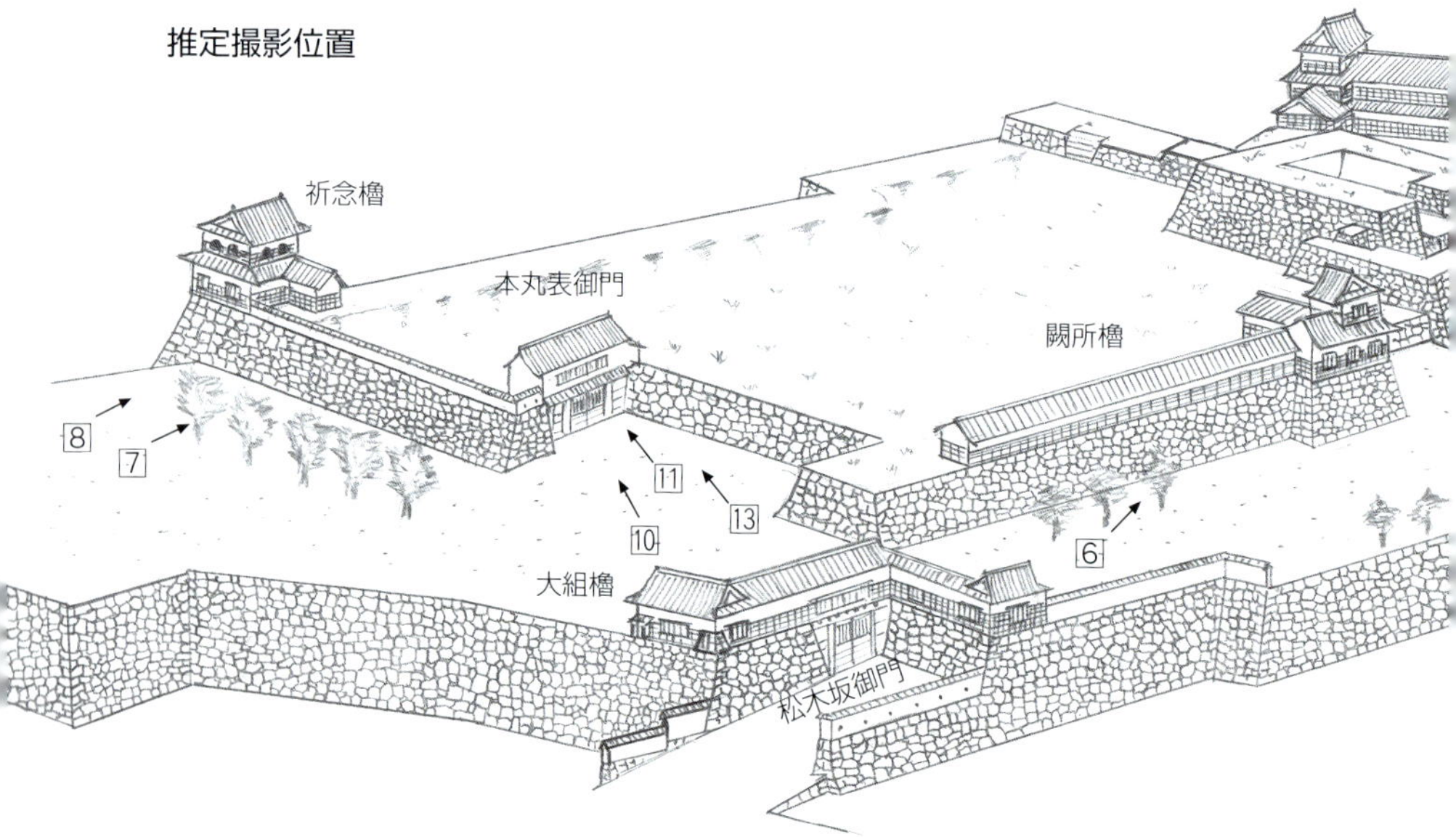

祈念櫓
本丸表御門
闕所櫓
8
7
11
13
10
6
大組櫓
松木坂御門

⑫ 崇福寺に移築された本丸表御門。昭和50年代前期の状況

現在の崇福寺山門

13 本丸時櫓の石垣台か（大正5年、福岡市編纂部発行『福岡市』より）

本丸表御門跡周辺の現況。右端の石垣は本丸西北隅に建っていた時櫓の石垣台。左奥に見えるのは表御門の石垣（二の丸西側から撮影）

本丸時櫓の石垣台《ほんまるときやぐらのいしがきだい》

13は、大正五（一九一六）年、福岡市編纂部発行の『福岡市』に掲載されている写真である。説明文はなく、写りも鮮明ではないが、石垣や建物から検討すると、本丸時櫓（時打櫓）の跡ではないかと思われる。時櫓は二重で、時を報らせる太鼓が太鼓櫓からこの櫓に移された。

時櫓はすでになく、現在、石垣台のみが残っている。写真13が時櫓の石垣台であれば、右側の建物は闕所《けつしょ》櫓、左端にかすかに見える建物らしきものは表御門の可能性もある。

表御門は大正七年に崇福寺に移築されたといわれており、この本が発行された大正五年には、祈念櫓と一緒に城内に残っていたはずである。

14 御本丸玄関
（福岡市博物館蔵）

15 御本丸広間
（福岡市博物館蔵）

本丸御殿 ほんまるごてん

上は二枚とも城内にあった建物である。昭和三十一（一九五六）年発行の『福岡県の歴史』には、「御本丸広間」、「御本丸玄関」と説明されているが、数年前にネットオークションで15の名刺判古写真が出品され、裏面には「福岡縣城内二ノ丸玄関」と記載されていたので、二の丸御殿である可能性も考えられる。

この写真の建物の屋根は瓦葺ではなく、薄い板で葺いた柿葺《こけらぶき》のようで、頂部の棟の部分だけに瓦を使用しているように見える。

本丸御殿は、江戸時代には部分的な増改築や修理はあったようだが、概ね当初の形状を維持していたようである。

⑯ 連隊正門を正面（西側）から見る。下之橋御門から入り南側に進むと、左側に連隊の正門があった（昭和前期）

歩兵第二十四連隊

明治に入ると、福岡城の城内に県庁が置かれた時期もあったが、明治十九（一八八六）年からは歩兵二十四連隊が駐屯し、戦前まで城内は軍が管理していた。

写真⑯から㉑は、福岡城内に設置された歩兵第二十四連隊の「記念写真帖」に掲載されていた福岡城関係の写真である。連隊の建物のほかに、東公園や西公園、箱崎宮、中洲の町並みや、兵隊さんたちの訓練、生活の状況などの写真も掲載されており、「写真帖」の後ろには兵隊さんの人物写真が貼られている。

最後に貼られた写真に昭和七（一九三二）年三月と書かれており、昭和初期ごろの状況と思われる。同じ昭和初期の二十四連隊の絵葉書からは城内での演習状況も見ることができる。

⑰本丸跡地に設置されていた建物と思われる福岡衛戍病院

城内での演習状況
（昭和初期の絵葉書）
場所は特定できないが、石垣が写っているものもある

⑱城内練兵場、三の丸西側が練兵場となっていた。
北側より南側を写したもので、左端にかすかに南の丸多聞櫓が見える

⑲連隊全景、三の丸北側に設置された兵営の全景

20 歩兵第二十四連隊が設営された際、将校たちの社交場として建設された偕行社

21 将校集合所。高屋敷の跡地に設置されていたようである

22 絵葉書「歩兵第二十四聯隊射撃場」（明治後期〜大正初期発行）

南の丸多聞櫓

みなみのまるたもんやぐら

22は、歩兵第二十四連隊の射撃場の絵葉書で、南の丸を北西側より見た写真である。後方中央に西平櫓と北角櫓が見える。奥が西平櫓で、これは現存している。手前二層が北角櫓で、この櫓は昭和に入っても残っていたが、昭和二十（一九四五）年ごろにはなくなっていたようである。現在の北角櫓は古写真に基づき昭和四十年代後半に復元された。

北角櫓の左側（東側）に続く長い建物は、南の丸北側にあった続櫓《つづきやぐら》で、このころまで残っていたようだ。多聞櫓の右下にかすかに見えるのは、追廻《おいまわし》御門ではないかと思われる。

写真23は22よりかなり北側から撮影したもので、右端に西平櫓と北角櫓がかすかに見える。正面の樹木が生い茂った部分が二の丸西側である。

下の写真は現在の状況。樹木の影に隠れて見づらいが、中央に西平櫓と北角櫓がある。城内道路が南北に縦断し、西側は住宅地になっている。

㉓ 絵葉書「兵営生活（射撃）」（明治後期～大正初期発行）

歩兵第二十四連隊射撃場の現状

24 南の丸多聞櫓（昭和初期撮影）

福岡城の櫓のうち、当時と同じ位置にあるのは多聞櫓のみである。一般に多聞櫓は、防御をより完璧にするために廓の周囲に建てられた長い櫓で、平常は倉庫などに利用していたといわれている。

西平櫓は平櫓で武具類や道具類を、西角櫓は二重で武具類を納めていたようである。両櫓ともに現存し、合わせて「南丸多聞櫓」として国の重要文化財に指定されている。

写真24は、撮影年代はわからないが、昭和二十年ごろにはなかったといわれる北角櫓が写っているので、南の丸多聞櫓の昭和初期の状況ではないかと思われる。西角櫓も樹木に隠れてはいるが、見ることができる。

写真25、26は、昭和五年ごろの南丸多聞櫓で、二枚とも歩兵第二十四連隊の写真アルバムと思われるものに貼られていた。このアルバムには「1930」と記載されており、軍人や兵舎と思われる建物の写真もあった。

画像が鮮明でないのは残念であるが、写真25は、

25 南の丸内部より見た西角櫓東北面近景。右側が西平櫓（多聞櫓）

26 南の丸多聞櫓（昭和５年ごろ）

南の丸内部より見た多聞櫓で、左側が西角櫓、右側が西平櫓である。西平櫓の窓の形状が現在とは異なっている。

写真26は、24とほぼ同位置を写したもので、二層部分が北角櫓、右に西平櫓が続いている。

南の丸多聞櫓の現況
上の写真は、北側より写したもので、手前が北角櫓、中央に西平櫓、奥が西角櫓
右は、北角櫓。屋根は切妻、１階の窓には出格子がついている。この櫓は昭和40年代後半に復元された
次ページの写真は、西角櫓北西面を写したもの。西平櫓と西角櫓は現存しており、国の重要文化財建造物に指定されている

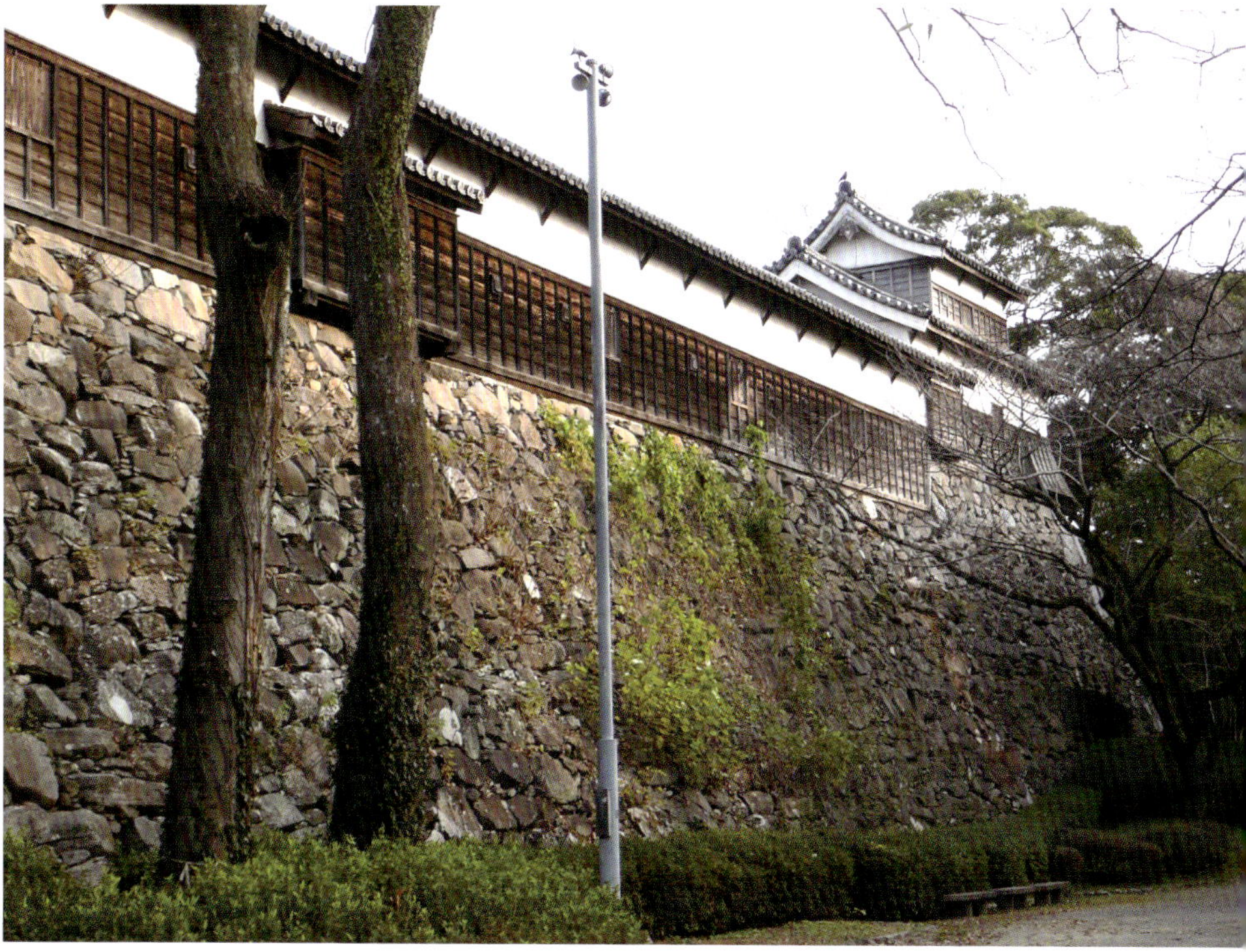

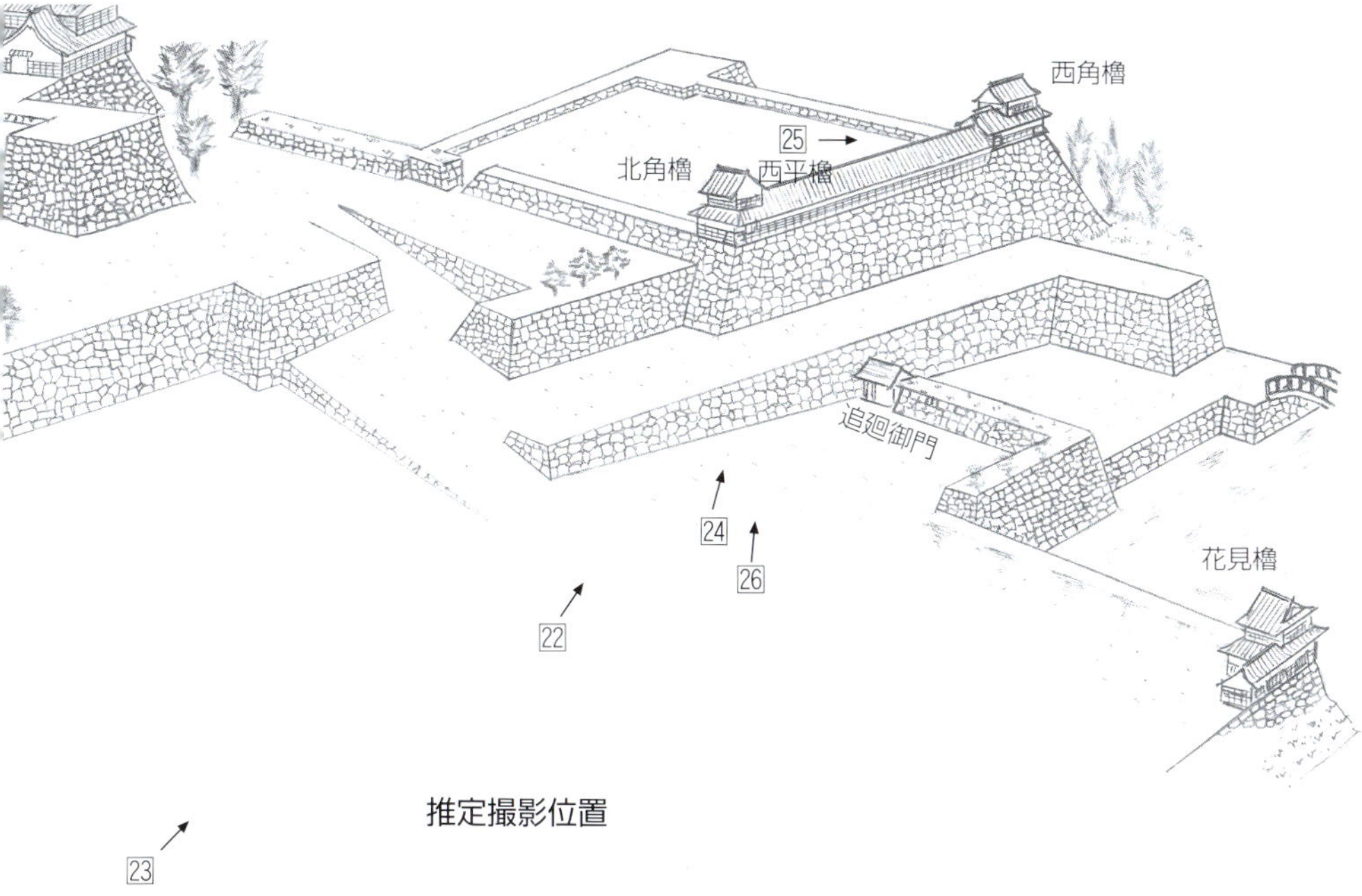
西角櫓
25
北角櫓
西平櫓
追廻御門
24
26
22
花見櫓
23

推定撮影位置

27 福岡城内を写したと思われる明治期の写真（長副博之氏蔵）

南の丸出入口　みなみのまるでいりぐち

日露戦争時（明治三十七、三十八年）、福岡城には歩兵二十四連隊が駐屯しており、本丸武具櫓や南の丸の建物が俘虜収容所として使用されていた。

27は、明治期の福岡城内を写した写真と思われ、外国の軍人のような人々が写っている。この外国人が日露戦争時の俘虜であれば、明治三十八（一九〇四）年ごろに写されたものと考えられる。

写真の場所は『福岡城天守と金箔鯱瓦《しゃちがわら》・南三階櫓』の著者・荻野忠行氏によれば、南の丸の入口である北側の門の周囲であるとされる。写真中央、入り口の門の左側にわずかに写っている石垣の形状が、現状と一致するとのことである。

古写真では樹木で石垣が一部しか見えないため はっきりしないが、現状と似ているように思

左は、右の写真の門の周辺の拡大。
下2枚は、現在の南の丸北側入口の門跡。門と柵は現代のもの

える。門や建物、塀が当時のままか、明治時代に改造されたかはわからないが、南の丸入り口付近の写真と考えられる。

現在の南の丸北側入り口門から右側（西側）の状況。
南の丸多聞櫓の北角櫓が見える

28 福岡城内を写したと思われる明治期の写真（長副博之氏蔵）

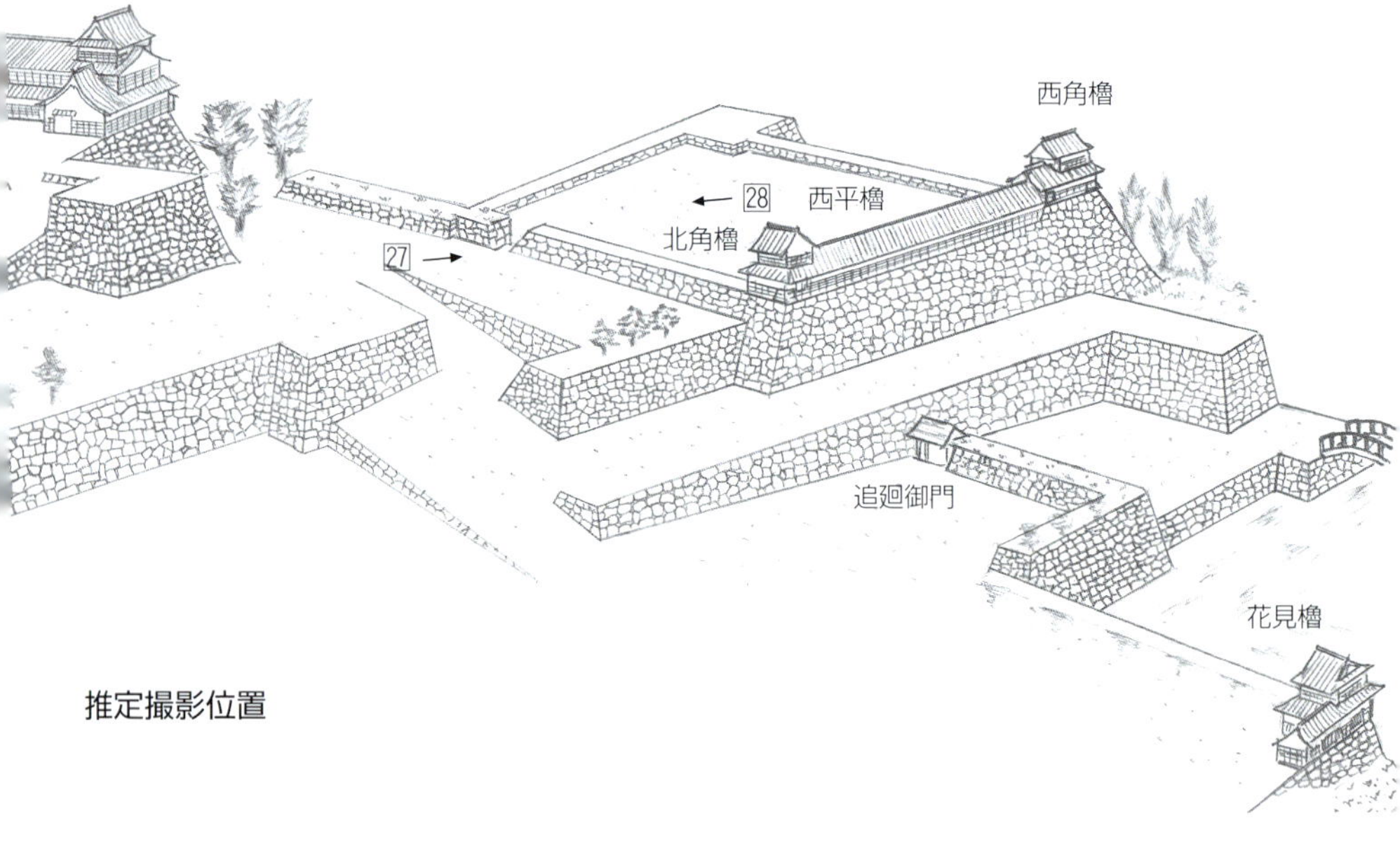
西角櫓
28
西平櫓
北角櫓
27
追廻御門
花見櫓

推定撮影位置

現在の南の丸内部、本丸天守台方向を見る。南の丸内部から東北側を写したもの。
左端に南の丸入り口が見える。本丸の石垣は樹木に隠れて見えない

写真28も、荻野氏の著書では南の丸内部を写したものとされている。

南の丸内部の写真であれば、左側の建物は南の丸北側入口の門と考えられる。しかし、右側の建物は位置関係や形状から考えて櫓建築とは考えられず、明治に入って建てられた軍関係の施設の可能性が高い。この建物の上部奥には櫓と思われる建物の屋根が写っているが、これが何櫓であるのかもはっきりしない。屋根の形状は切妻のようで、南の丸多聞櫓の西角櫓や北角櫓の屋根に似ている。荻野氏は水の手御門櫓の屋根ではないかと推測している。

しかし、水の手御門櫓がどこに建っていたのか、高さ関係が合うのかわからないし、形状も不明である。位置、高さから見て、本丸武具櫓西三階櫓の北側に櫓が建っていた可能性もある。

上は現在の南の丸内部の写真。写真28が南の丸内部からの写真であれば、ほぼ同位置からの撮影である。

29 旧時の福岡城内（明治初期ごろか）
三の丸御殿（御下屋敷）の一部で、右側に表御門と下り松が見える

三の丸表御門

さんのまるおもてごもん

三の丸には家老や中級家臣の屋敷が置かれ、西部の下之橋御門南側には黒田孝高《よしたか》（如水《じょすい》）の隠居所の高屋敷（鷹屋敷）、その西側に藩主の居屋敷が建てられた。

写真29は、「紀念帖」と書かれた写真帖に入っていた福岡城関係の写真である。「紀念帖」は傷みが激しく、製本が分離した状態になっているし、発行年代の記載もないが、状態から見て明治期から大正期のものであろう。

写真は三の丸西側にあった御殿（御下屋敷）の外側を南から写したもので、30の写真もほぼ同じ角度で近距離、低位置から写したものである。

三の丸御殿は、二代藩主・忠之《ただゆき》（藩主在位一六二三―五四年）が三の丸西部の二の丸西側下に建造し、その後、三代藩主・光《みつ》

30 三の丸御殿の表御門
（福岡市博物館蔵）

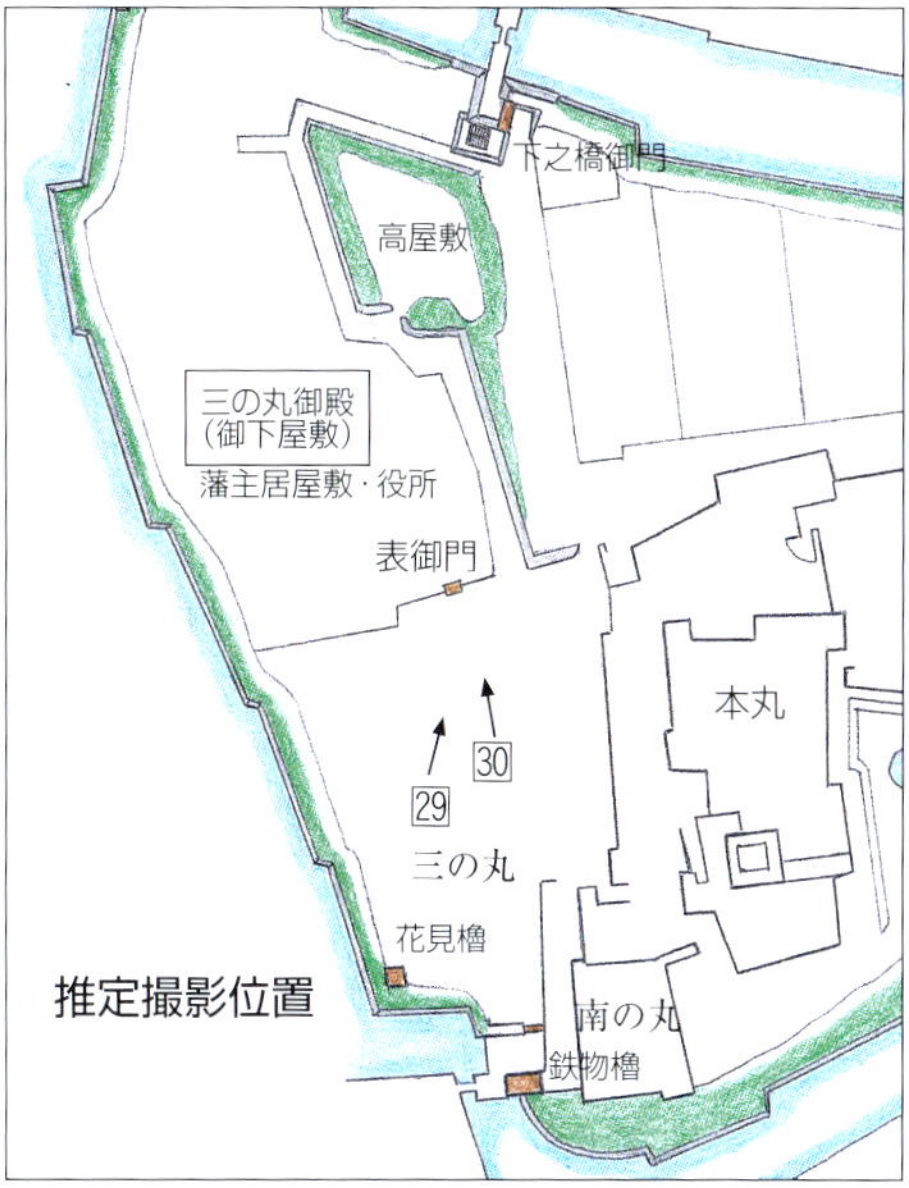

之《ゆき》（同一六五四－八八年）が三の丸西部の北側に建て替えた。六代藩主・継高《つぐたか》（同一七一九－六九年）が再建して以後は、役所としての機能が大きくなり、御下屋敷と言われていた。

明治四（一八七一）年七月の廃藩置県後からは福岡県庁として使用され、明治六年六月に起こった筑前竹槍一揆で大きな被害を受けた。その後、県庁は明治九年七月に天神町に移転した。

この場所は、県庁移転後から昭和二十（一九四五）年までは城内練兵場となり、戦後は国立福岡中央病院や博多工業高校、国税局、舞鶴中学校などが建てられたが、現在は、平成二十四（二〇一二）年に移転した舞鶴中学校の建物だけが残され、そのほかの場所は舞鶴公園西広場となっている。

外周・外郭の門

31 下ノ橋御門跡（明治期撮影）

下之橋御門 しものはしごもん

福岡城の内郭は広大な堀に囲まれており、その堀には、上之橋、下之橋、追廻《おいまわし》橋がかけられ、城下町と内郭を結んでいた。有事の際には橋を落とすことで、内郭が独立するようになっており、三の丸の堀にあった上之橋、下之橋には、それぞれに枡形《ますがた》を設けて城門が造られていた。

そのうちの一つ、下之橋御門は櫓門で、三の丸の北部にあり、福岡城の西側の大手門（正門）であった。

写真31は、撮影年代や城の名称などの記載はまったくないが、全体の状況、橋の位置、石垣の形状や写真左側奥の隅部分の石垣と塀の高さの段差などから、福岡城下之橋周囲の古写真と断定できる。中央やや左の塀の上部奥にかすかに建物が見えるが、これは、高屋敷跡に立っていた将校集合所ではないだろうか。写真部分の実寸法は名刺サイズの八九×五九ミリで、明治期のものと思われる。

32 絵葉書「舞鶴城北側ノ堀　下ノ橋ノ大手門」（昭和初期発行）

手前の橋は、現在は石造で、ほかの絵葉書写真でも石造になっている。本来はこの写真に写っている木造の橋であったと思われ、福岡城の遺構を見ることができる貴重な写真である。

写真32は昭和初期の絵葉書で、左上の○内が下之橋大手門。この時期には、すでに二層目の櫓部分はなく、塀と下層の門の部分だけが残っている。また、31では木造であった橋も石造の小さなものになっている。右下は三の丸の北側の堀を写したものである。

下之橋御門には、○部分の隅の石垣と塀の高さに段差が見られる

33 絵葉書「(福岡と博多名所) 鎮西の堅城と謳はれし舞鶴城の名残をとどむる福岡城跡」(戦前)

34 絵葉書「福岡城跡　黒田長政公の築城」(戦前、九鐵観光会発行)

現在の下之橋大手門付近の状況。右側が伝潮見櫓

下之橋御門は、城内に入る三つの門のうち、江戸時代から現在まで唯一残っている門である。もとは櫓門であったが、明治期に上層の櫓が撤去・改修され、下層の門の部分だけは江戸期からのものが残っていた。

写真33と34は、戦前の下之橋御門を写した絵葉書である。写真32と同様、下層部分だけで、この状態が長い間続いた。

上は、現在の下之橋の状況である。写真33の正面石垣の上部に伝潮見櫓が建っている。

本来の潮見櫓は、三ノ丸西北部の隅にあり、博多湾を監視していたと思われる。伝潮見櫓といわれているこの写真の櫓は、大正時代初期に浜の町の黒田別邸へ移築されていた。黒田別邸が戦災にあった際にも、この櫓は焼けずに残り、昭和三十一（一九五六）年に現在の位置に再移築された。

下之橋御門は平成十二（二〇〇〇）年に不審火により火災にあったため、残った部材を使用して、平成二十年に復元された。その際、上層の櫓部分も上

Castle of Fukuoka.
城　岡　福　（二十其）

35 絵葉書「福岡城」（明治後期〜大正初期発行）

之橋御門の古写真などを参考にして復元されている。

35は裏面に「博多復古堂印行」と記載されている絵葉書。左端が下之橋御門跡で、堀や外の景観を東から写した写真である。堀の外側（右側）には線路が敷かれており、電車が走っていた。現在の明治通りにあたる場所である。この電車は明治四十三（一九一〇）年に開通した市内電車の貫通線（貫線）で、昭和五十（一九七五）年の廃線まで市民の足として親しまれた。

推定撮影位置

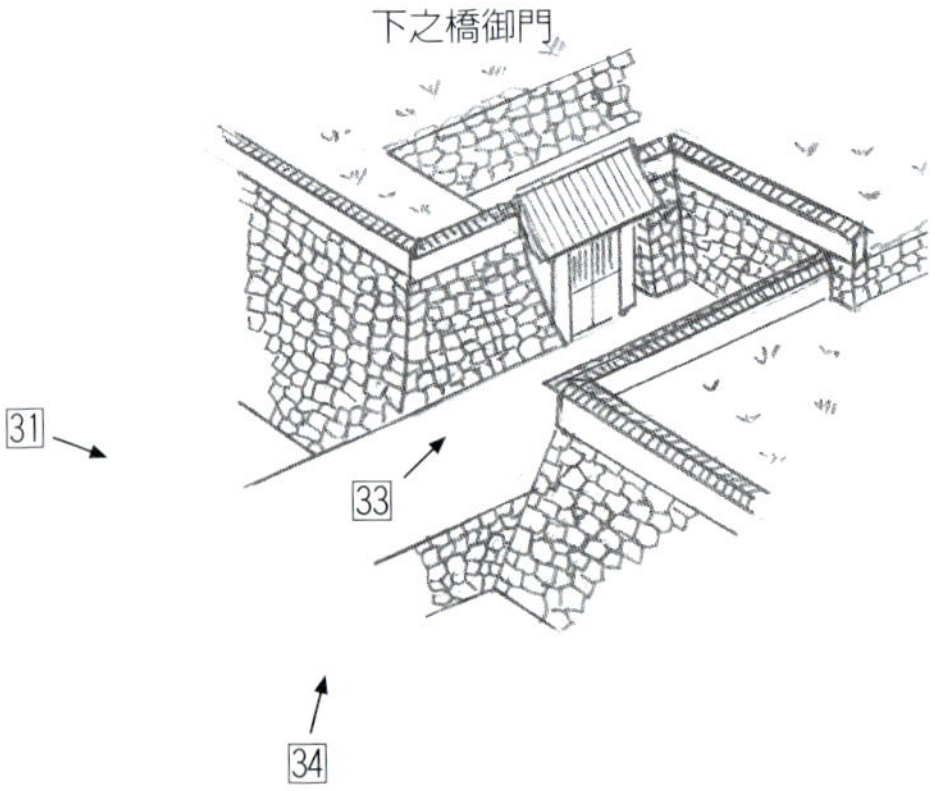
下之橋御門
31
33
34

MODERN VIEW OF ANCIENT CASTLE OF FUKUOKA
筑前福岡舊城堀邊

36 絵葉書「筑前福岡舊城堀邊」（明治期発行）

堀辺

絵葉書36は、福岡城の堀辺とあり、多くの建物が写っているが、櫓や門らしき建物は見えず、濠の外側と考えられるが、場所は不明である。

裏面には通信文のスペースがなく、明治三十年代後期の状況と思われる。しかし、「舊（旧）城」と記載されているため、それ以前の写真の可能性もある。

お城の絵葉書では、明治初期から中期ごろの写真を使用したものは「舊○○城」「○○舊城」と書かれているものが多い。裏面には「東京写真印刷合資会社印行」とある。

37 上之橋御門（福岡市博物館蔵）

上之橋御門
かみのはしごもん

上之橋御門は城内に通じる三つの門の内のひとつで、三の丸の北部にあり、福岡城の東側の大手門（正門）であった。

37は在りし日の上之橋御門の写真で、上部に櫓を渡した櫓門であった。屋根は福岡城の特徴である切妻《きりづま》で、また二階の妻側は屋根と壁が張り出しており、大手門としては珍しい形状の建物である。手前の堀に架かった橋はまだ木造で、明治初期の写真であろうか。北側のやや西寄りから撮影された写真である。

38は北東側より撮影した上之橋御門周辺で、左端には御門の屋根が見える。堀に架かっている橋も木造であり、37と同じくらいの年代に撮影された写真と思われる。

下之橋御門は下層の門の部分が残ったが、上之橋御門は明治後期には御門もなくなり、木造の橋も小さな石橋に改造されて、当時の防御機

38 上之橋御門（福岡市博物館蔵）

能はなくなっている。

御門がなくなっても、石垣は当時のままの状態が長く続いたが、経年劣化や平成十七（二〇〇五）年に発生した福岡西方沖地震の影響により崩落の危険性があるため、平成二十六年、東側の石垣が修復された。

現在の上之橋御門跡
（平成24年１月撮影。左の建物は裁判所）

39 絵葉書「福岡城」（明治後期～大正初期発行）

39は、上之橋周辺が写った絵葉書で、明治後期から大正初期に発行されたと考えられる。右端が上之橋の石垣と塀で、堀に架かっていた木製の橋は、石橋に改造されている。左側には数件の建物が写っている。

40も、明治後期から大正中期の絵葉書。門の全景は写っていないが、形状は下之橋御門とよく似ている。しかし石垣の石積の形状が下之橋御門と異なっており、明治時代の古写真や現状と比較すると、上之橋御門であると考えられる。下之橋御門と同様に上部の櫓部分はなく、下層の門のみとなっている。

41は石垣や樹木の形状から見て、40とほぼ同じ位置を写したものである。この写真には門の建物は写っていない。また、濠の北側は道が整備され、電車の軌道が通っている様子がわかる。

このころは福岡城の周辺が大きく変化した時期である。昭和二（一九二七）年に大濠を埋め立てた場所を会場に東亜勧業博覧会が開催され、同五年には跡地に大濠公園が開園している。

Maizuru Castle Fukuoka
福岡舞鶴城
(博多名所)

40 絵葉書「(博多名所) 福岡舞鶴城」(明治後期〜大正中期発行)

Maizuru castle Fukuoka
福岡舞鶴城
(福岡百景)

41 絵葉書「(福岡百景) 福岡舞鶴城」(大正後期〜昭和初期発行)

42 絵葉書「福岡城址」(昭和初期発行)

現在の上之橋御門跡。上の絵葉書写真とほぼ同角度より撮影。左側の石垣は平成26年に修復工事が完了した。上部にあった塀は工事前に撤去されている

上之橋御門の移り変わり

明治初期ごろ
上之橋御門が完全に残っていた

明治後期〜大正中期ごろの状況
上層の櫓部分がなくなっている

大正後期〜昭和初期の状況
下層の門もなくなっている

平成24年１月撮影
修復工事前の状態

参考・昭和初期の下の橋御門

43 追廻御門（福岡市博物館蔵）

追廻御門
おいまわしごもん

追廻御門は福岡城三の丸の南西部に位置し、上之橋御門、下之橋御門と並んで城内に通じる三つの門の一つであった。追廻口とも呼ばれ、福岡城の搦手門《からめて》（裏門）である。

写真43は南西側より写された追廻御門周辺で、手前に追廻橋、橋を渡って左側に追廻御門があり、左右の石垣には塀が廻らされている。右端に写っているのが鉄物櫓《かなもの》、一段上の奥には現存している南の丸多聞櫓《たもん》（西平櫓）が見える。

写真44は鉄物櫓を正面（西面）から写したもので、手前右が追廻橋、上部奥に見えるのが南の丸多聞櫓である。鉄物櫓は『福岡県の歴史』には「切出御櫓《きりだし》」と記載されている。この櫓は明治三十五（一九〇二）年八月に爆発炎上し、焼失してしまった。

これら二枚は、鉄物櫓が写っていることから、明治三十五年以前のものであることはわかるが、詳しい撮影年代は不明である。

現在では、この周辺は追廻橋や追廻御門もなくなっており、残った石垣と南の丸多聞櫓だけが、当時を偲ばせる。

44 追廻口周辺。正面が鉄物櫓で手前が追廻橋（福岡市博物館蔵）

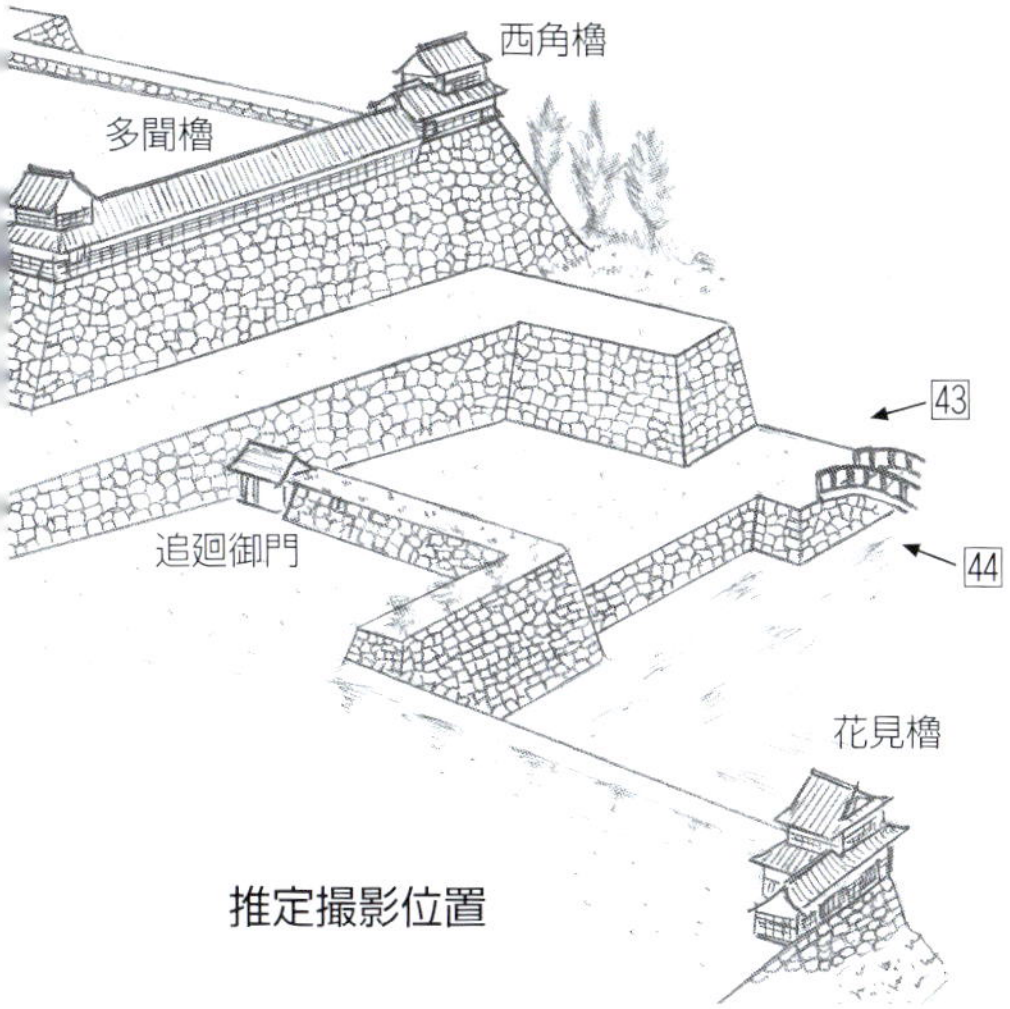

推定撮影位置

現在の追廻門周辺
上は西側より撮影。このあたりに橋が架かっていた。右側の石垣が鉄物櫓の石垣台、左側に追廻御門があった
下は北側から撮影。奥の石垣が鉄物櫓の石垣台。左の石垣上には塀が続いていた

45 昔時の中島橋（西中島橋）

中島橋と枡形門 なかしまばしとますがたもん

福岡城の内郭は広大な堀に囲まれており、外周には三か所の門を配置した。また、外郭（城下町福岡）の要所にも堅固な門が設けられた。博多との間の那珂川に架かる西中島橋の西側に東取入門（枡形門）、肥前堀、中堀の出入口には春吉門（数馬門）、薬院門、赤坂門を配し、西の黒門川には西取入門（黒門）を設け、城下町への番所とした。

写真45は、七二ページの「旧時の福岡城内（三の丸御殿）」と一緒に「紀念帖」と書かれた写真帖に入っていた、博多から福岡城外郭に入城するための東取入門と西中島橋である。説明には「藩時福岡城の外郭にして関門あり。枡形門と云う。明治八（一八七五）年福岡県庁新築の際橋より以南仝二十一年以北の石塁を毀ち福博の区域を除けり」（原文はカタカナ、旧仮名づかい表記）とある。

東取入門は枡形門になっており、南北二か所に

46 西中島橋（明治43年発行「福岡県案内」より）
写真45とほぼ同じ位置の明治後期ごろの状況である

門が建てられていた。当時はこの写真のように木橋が架かっており、博多から城下町福岡への幹線であった。枡形門の枡形は四角形の意で、枡形門は虎口《こぐち》（城の出入口）を防御するため、石垣や塀、櫓で四角に囲み、門を配置したものである。一般的には外側と内側の二カ所に門を配置するが、福岡城の東取入口は内側のみであった。

福岡市誕生の二年前の明治二十年、政府の殖産興業政策のもと、中洲で第五回九州沖縄八県共進会が開かれたが、この共進会開催後、城下町福岡と商人の町博多を分けていた、枡形門と石垣の撤去が始まった。その後、明治四十三年には肥前堀を埋め立てた場所で第十三回九州沖縄八県共進会が開かれている。この共進会に合わせて、福博電気軌道が市内電車を開業した。大正三（一九一四）年には大学通−博多駅前の循環線が完成。こうして新しい町・天神が作られていった。

47は、大正後期から昭和初期ごろの那珂川の河口付近の航空写真で、右側が北、博多湾になる。

47 那珂川の河口付近の絵葉書（大正後期～昭和初期発行）

中央左側の橋が西中島橋。この写真の川に挟まれた中洲の部分は中島町（現・中洲中島町）。西中島橋の上の方（西側）が、現在の天神方面である。現在の昭和通り付近は、この時期には橋口町と呼ばれていた。

48 絵葉書「福岡西中島橋」（明治後期発行）
東側から見た西中島橋。橋の先の正面の建物は、辰野金吾と片岡安の設計により明治42年３月に完成した旧日本生命九州支店。これは現在も残っており、赤煉瓦文化館となっている

現在の西中島橋と天神方面を見る。当時は橋を渡った先に石垣で囲まれた枡形門があった

西中島橋と枡形門があった附近の現在の状況。正面左側の建物が赤煉瓦文化館、幅の広い道路は昭和通りである。西中島橋はこれまでに何度か架け替えられたが、西中島橋の名称は残っている

49 西取入門と黒門橋（福岡市博物館蔵）

西取入と黒門橋

福岡城下町と唐人町など、西側の町へ出入りする門として西取入門があった。この西取入門は通称黒門と呼ばれており、写真49、50でわかるように東取入門の枡形のような強い防御性をもった形態ではなかった。門の外（西側）には梁堀《やな》（黒門川）にかかる黒門橋があり、橋を渡ると唐人町であった。黒門橋は当初は土橋であったが、元禄四年に木橋に架け替えられている。

東取入門と西取入門は、福岡城下町を東西に貫通する主要道路である唐津街道沿いに建っていた。そのほか、博多の町から外側に出入りする門として、東側に石堂口門、南側に辻堂口門《つじのどうぐち》が建っていた。

現在、西取入門の遺構は残っておらず、黒門川も暗渠《あんきょ》となり、当時を偲ばせる景観は見当たらないが、唐人町商店街の一画に黒門跡の説明板が掲示されている。

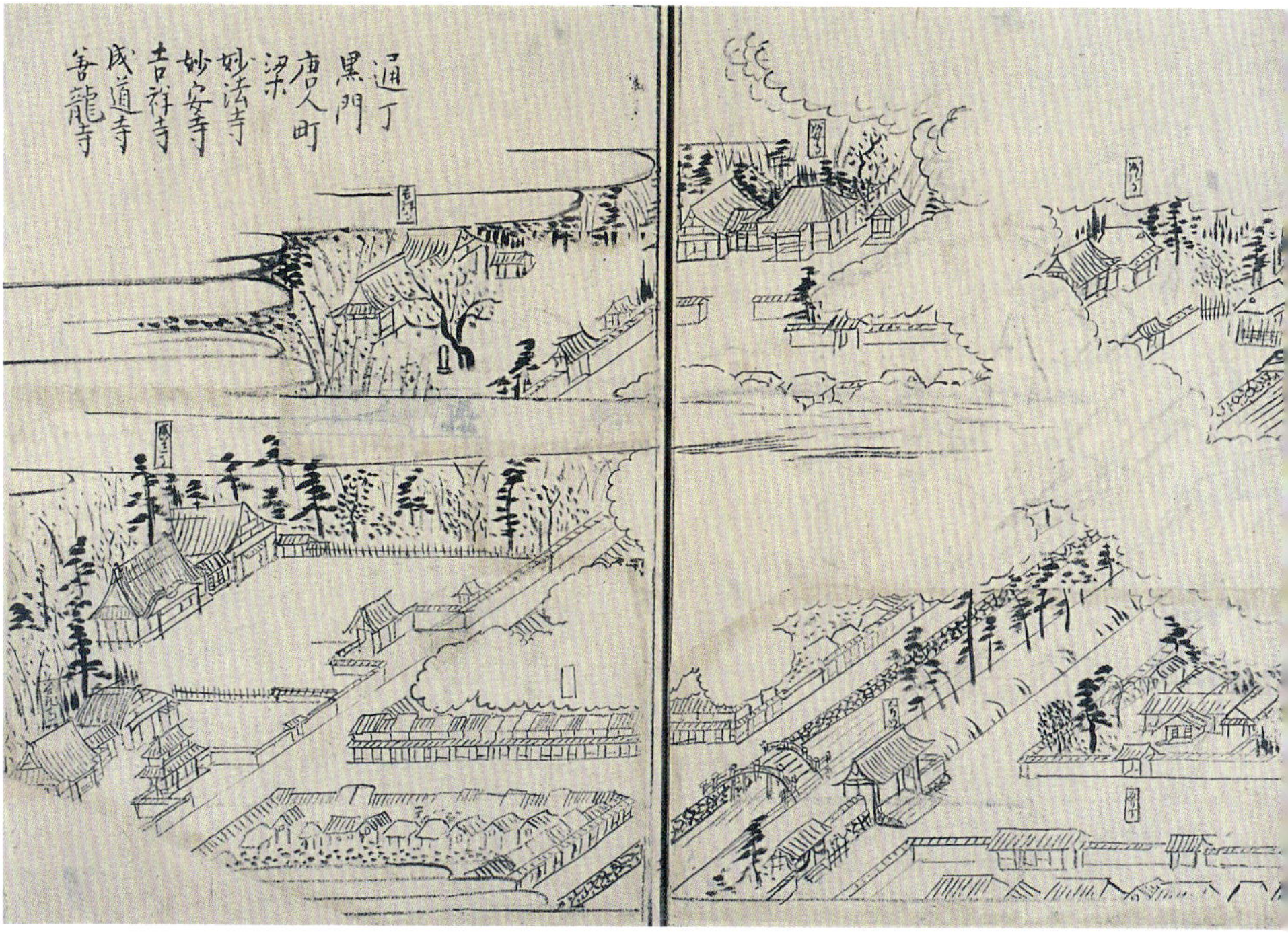

50 筑前名所図絵（福岡市博物館蔵）
中央下部に描かれている橋が黒門橋で、その右が黒門

福岡城下町への西側の出入口であった黒門付近の現在の状況。当時は川が流れ、このあたりには橋が架かっており、橋の東側に黒門が建っていた。（南西側から撮影）

東側から撮影

移築された櫓と門

51 絵葉書「（福岡名所）機上より　二十四聯隊と西公園鳥瞰」（大正中期〜戦前発行）

黒田別邸　くろだべってい

明治維新以降、福岡城は陸軍の兵営になっており、黒田家は、家宝や記録などを収めるために福岡藩の上級家臣たちの下屋敷だった浜の町に、敷地約三千坪の別邸を建てた。この別邸に武具櫓《ぶぐ》、伝潮見櫓《でんしおみ》や本丸裏御門が移築された。

51は福岡市西部の鳥瞰《ちょうかん》写真。左側に福岡城三の丸が見えており、周囲が堀に囲まれている。城内の建物は軍の施設であろう。右側が博多湾で、奥に西公園の全景が見える。右側の少し下の部分が浜の町で、黒田別邸に移築された武具櫓が、かすかに見えるものの、伝潮見櫓や本丸裏御門は識別できない。黒田別邸部分を拡大したものが左の上の写真で、鮮明ではないが、中央に武具櫓が写っているのがわかる。

昭和二十（一九四五）年当時、黒田別邸は海軍士官の宿舎になっていたが、六月十九日の空襲の焼夷弾で母屋や武具櫓、裏御門は焼失、焼け残った伝潮見櫓は、後に城内に移された。

52 黒田別邸に移築された武具櫓（大正11年３月12日発行「朝日グラヒック」より）
当時の皇后陛下行啓時に福岡御宿泊所として黒田別邸が使用されていたようである。当時、黒田別邸の北側は海岸になっており、北東側から写したものである

53 絵葉書「福岡市濱ノ町　黒田別邸」（大正中期発行）
黒田別邸の中心建物群が写っている。右端に武具櫓の一部が見える

54 絵葉書「黒田侯別邸」（大正後期～昭和初期発行）
黒田別邸の建物で、正面玄関部分か。左奥に武具櫓の上部が見える

55 絵葉書「黒田別邸」（昭和初期発行）
黒田別邸の建物で、右端に写っている建物が武具櫓

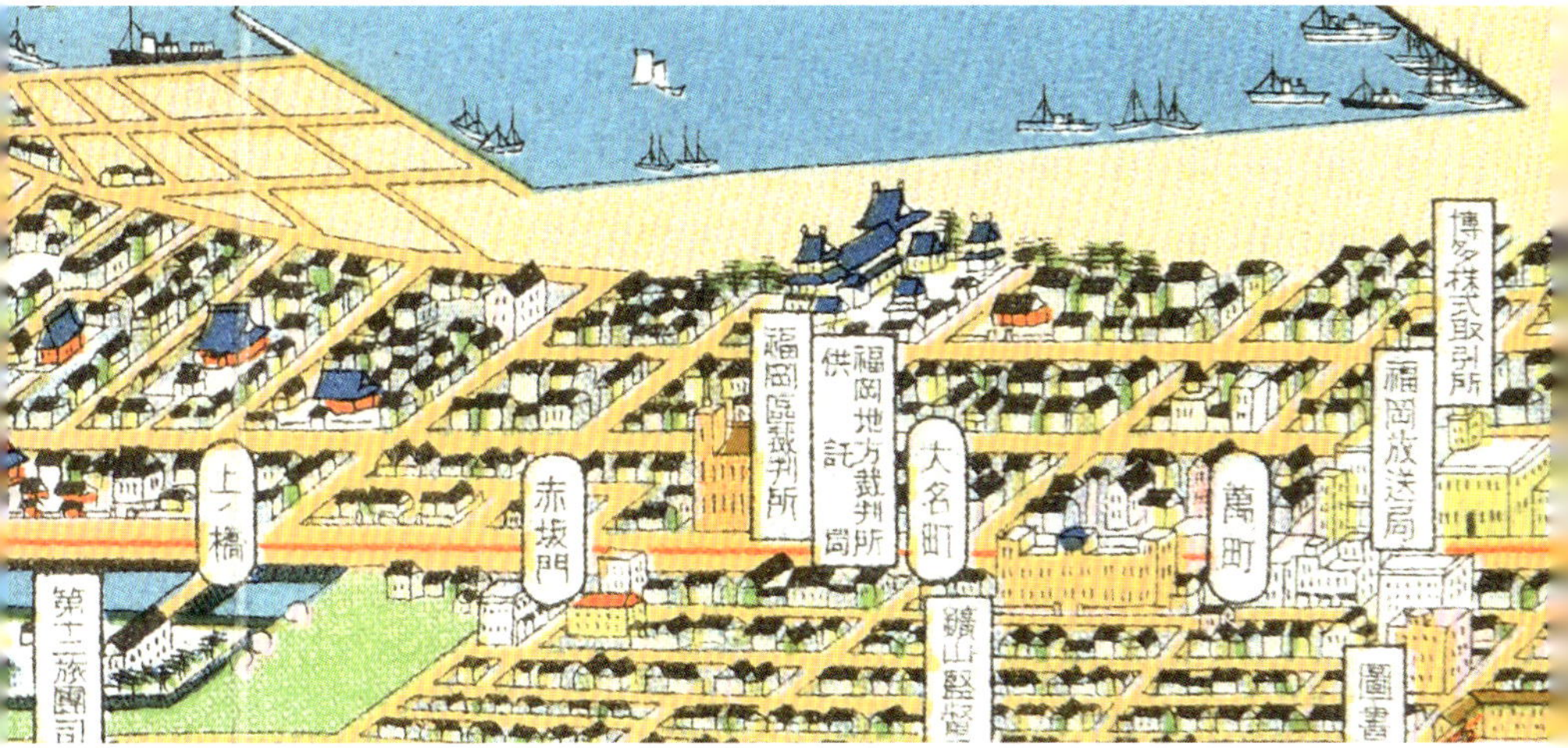

吉田初三郎画「ふくおか市」の部分（昭和11年３月、福岡市役所観光課発行）
浜の町黒田別邸部分を拡大したもの。武具櫓がはっきりわかる。ほかに二層櫓のような建物が２棟見える。１棟は伝潮見櫓と考えられるが、もう１棟は不明である。櫓以外の別邸の建物かもしれない。文字で全体がわからないが、武具櫓の手前に裏御門と考えられる建物も見える

56 福岡城武具櫓（大正5年発行『福岡市』より）

本丸武具櫓 ほんまるぶぐやぐら

武具《ぶぐ》櫓は二重多聞《たもん》櫓で、両端に三階櫓を構えており、槍《やり》や甲冑《かっちゅう》などの武具が納められていた。東端の櫓を東三階櫓、西端の櫓を西三階櫓という。

武具櫓は大正五（一九一六）年に浜の町の黒田別邸へ移築されているが、当時の新聞によると、二重櫓（多聞櫓部分）の元の長さは二十三間《けん》であったが、あまりに長すぎるので八間切り縮めたとのこと。一間を約二メートルとすると、一六メートルほど縮小されたようである（現在の一間は約一・八二メートル）。

56は、福岡市編纂部発行の『福岡市』に掲載された武具櫓の写真である。左端の手前に建物の一部が見えるが、これは黒田別邸の建物と思われる。手前に残材のようなものが集積されており、移築工事がほぼ完了した時の状況のようである。『福岡市』の初版は大正五年十一月に発行されており、武具櫓の移築落成が九月であったことを考えると、

57 絵葉書「福岡市濱ノ町　黒田別邸」（大正５～７年発行）

完成間近の状況を撮影したものであろう。

57は、海岸の東北側から写した黒田別邸で、移築後の大正五年から同七年ごろに発行されたと思われる絵葉書である。武具櫓の内側からの全景がわかる貴重な写真で、城内に建っていたころの配置では、北西から見た姿である。

海岸側との境界には、石垣が積まれた立派な塀が築かれている。左側が黒田別邸の建物で、右側が移築された武具櫓である。左右の三階櫓は、黒田別邸での位置関係でいえば、右が北側、左が南側となるが、福岡城内にあったころは、右が西三階櫓、左が東三階櫓といわれていた。三階櫓の屋根は入母屋《いりもや》で、二層目の妻側屋根（多聞櫓端部）と一層目の端部は切妻《きりづま》となっている。

この武具櫓は、同時期に移築された本丸裏御門、伝潮見櫓（太鼓櫓）とともに、福岡城の遺構として、黒田別邸で威容を誇っていたが、昭和二十（一九四五）年の空襲で、伝潮見櫓を除き、焼失した。

58 福岡城武具櫓（福岡市博物館蔵）

58は、本丸南側の石垣上に建っていたころの本丸武具櫓を西南から写したものである。手前一階の端部には石落《いしおとし》と思われる張り出しが付いている。また、窓も突き上げ戸であったことがわかる。

　近年、福岡市により武具櫓跡の発掘調査が行われている。平成二十六年三月の現地説明会資料によると、武具櫓の長さは六三メートル、幅九メートル、推定高さは多聞櫓部分で九メートル、三階櫓部分で一二・七メートルで、石垣の高さ一二・五メートルを含めると、それぞれの高さは二一・五メートルと二五・二メートルであったという。また、江戸時代には、東三階櫓の建て替えと西三階櫓の修理が行われた記録が残っているが、多聞櫓部分も建て替えられていたことが判明した。

本丸南側に位置する武具櫓跡の石垣台

本丸武具櫓跡の現状
発掘調査が行われている

59 絵葉書「福岡市濱ノ町　黒田別邸」（大正中期発行）

本丸裏御門と太鼓櫓《ほんまるうらごもんとたいこやぐら》

59の絵葉書には、大正五（一九一六）年に城内から福岡市浜の町の黒田別邸へ移築された福岡城の建造物が写っている。右端が本丸にあった武具《ぶぐ》櫓で、左端が現在、下之橋御門の脇に建っている潮見《しおみ》櫓といわれている建物である。武具櫓は城内でも最大級の櫓で、この写真は城内にあったころの西面にあたり、西三階櫓が写っている。

武具櫓は惜しくも昭和二十（一九四五）年の空襲により焼失してしまったが、伝潮見櫓は被害にはあったものの焼失は免れ、下之橋御門の脇に移築された。現在、県の文化財に指定されている。本来の潮見櫓は明治後期に千代《ちよ》町の崇福寺《そうふくじ》に移築されており、この櫓の本来の名称はまだ確定していない。

写真○内の部分は、福岡城内にあったころの本丸裏御門（右）で、左は太鼓《たいこ》櫓（古時打《こときうち》櫓・伊之助《いのすけ》櫓）である。本丸裏御門は武具櫓と一緒に黒田別邸へ移築されており、同じく空襲で焼失している。

60 本丸裏御門（右）と太鼓櫓（福岡市教育委員会『福岡城の櫓』より）

この○内の太鼓櫓は伝潮見櫓に形状も似ており、この写真の掲載の仕方から考えても、現在、潮見櫓と呼ばれている建物は太鼓櫓と断定してもよいと思われる。左は、現在の○内の場所で、石垣が残っているのみである。

現在の裏御門（右側）と太鼓櫓の石垣台

61 絵葉書「崇福寺仏殿旧福岡城樓櫓」明治後期～大正初期発行

花見櫓と潮見櫓
はなみやぐらとしおみやぐら

61は、明治四十二（一九〇九）年に福岡市内千代《ちよ》町の崇福寺《そうふくじ》に移築された花見櫓（手前）と潮見櫓（奥）を写した絵葉書である。

花見櫓は二層二階建て構造の二重櫓で、城郭西南部の角にあり、三の丸追廻《おいまわし》御門の追廻口を防御するとともに、監視の機能も果たしていた。西物見《にしものみ》櫓ともいう。潮見櫓も二重櫓で、三の丸西北部の隅にあった。両櫓とも現在は解体され、部材は保存されている。

この移築された潮見櫓は、以前は月見櫓とされていたが、潮見櫓を移したことを記した棟札《むねふだ》が発見され、潮見櫓であることが濃厚になった。

62、63の二枚は、崇福寺に移築されていた当時の潮見櫓と花見櫓である。

花見櫓の跡周辺の現況を西南側より見る

62 昭和50年代の崇福寺の花見櫓（左）と潮見櫓

63 昭和50年代の崇福寺の潮見櫓（左）と花見櫓

下は潮見櫓が建っていたと思われる場所の現況。左は東側から、右は南側から撮影

お綱門
黒田騒動（傳説の博多）
福岡城主黒田忠之は乱行の聞えがあったので栗山大膳は水牛の兜を擁して忠諫した。
忠之の近習浅野四郎左衛門は美女釆女を愛したので
本妻お綱は夫の薄情を怨んで城門で悶死し
その怨霊は人々を悩ました。

お綱門
お綱門は元福岡城内にあつたものであるが現今は大名町大濠端長宮院に移されて居る、此の門は種々な迷信があつて此柱木に障つた者は熱病するとか夜間唸されるとか傳へられて居る。寛永の頃福岡の藩士に淺野四郎左衛門と言ふのがあつた、四郎左衛門は三千石を食んだ近習御目附で妻のお綱は同藩の久野次郎左衛門の娘であつた、所が四郎左衛門の美男に引換へお綱は非常な醜婦であつたしかも嫉妬深い性であつて、お綱の嫉妬は年と共に募り四郎左衛門は大に持餘して居た之が爲め四郎左衛門は采女と言ふて藝妓上りの女を大阪から連れ歸つた、そして寵愛すればする程お綱の嫉妬は愈々極度に達して來た、斯かる有樣であるからお綱は遂に箱崎の下屋敷に預けられて味氣ない生活をせなければならない事となつた、斯うなると四郎左衛門は厄介者を打拂つたと言ふ風で絶へてお綱に寄附かなかつた、今はお綱は半狂亂となり三月雛節句の夜嫉妬の焔に逆上したお綱は夫の冷酷を憤り可愛い二人の子供を刺殺し薙刀杖に箱崎の下屋敷から福岡大名町の淺野の屋敷に暴れ込んだ、而し當夜夫四郎左衛門は勤務であつたのでお綱は更に城内に斬入つたが深傷を負つて遂に夫に一刀も報ひる事が出來ず今お綱門と呼ばれる門まで辿り付きて悲憤の死を遂げたが女の一念は死して猶ほ怨は遠く三百年の今日迄此門に止まり怪しい祟をなすものと傳へられる。

64 絵葉書「黒田騒動」大正後期～昭和初期発行　65 絵葉書「お綱門」大正後期～昭和初期発行

お綱門
おつなもん

上の二枚の絵葉書は、お綱門と呼ばれる門を写したものである。お綱門の言い伝えについては絵葉書に記載されているほかにも少し異説があるが、省略する。

さて、このお綱門の場所は、二の丸東御門とも、扇坂《おうぎざか》御門とも言われている。この建物は明治に入って福岡城北側、堀の外部にあった長宮院《ちょうぐういん》に移築され、戦前まで残っていたものの、戦災で寺院とともに焼失。現在、跡地は家庭裁判所になっている。この二枚の絵葉書に写されている門は長宮院に移築された状況と思われるが、それぞれ異なった建物に見え、64の方が規模が大きく感じられる。どちらがお綱門なのか、両方とも違う建物なのか、城内のどの門を指すのか、今後の資料発見と調査に期待したい。

66 二の丸東御門周辺
（福岡市博物館蔵）
昭和31年発行の『福岡県の歴史』に同じ写真が掲載されており、「毛利前ヨリ扇坂御門ヲ見」と説明がある。右端の二層の建物が革櫓で、左隅は炭櫓

上は現在の二の丸東御門跡

左は現在の扇坂御門跡

古地図・鳥瞰図に見る
近代福岡城の変遷

明治以降の主な出来事

明治政府は慶応四（一八六八）年五月から明治二（一八六九）年六月まで、日本で初めての全国通用貨幣である太政官札《だじょうかんさつ》を発行した。財政が窮迫していた福岡藩は、明治三年、この太政官札を贋造《がんぞう》し、実行したが、これが発覚。明治四年、黒田長知《ながとも》は藩知事を罷免《ひめん》となり、福岡藩は取り潰しとなった（太政官札偽造事件）。その後、同年の廃藩置県により福岡城内三の丸に福岡県庁が置かれる。

明治六年、廃藩置県や地租改正、太陽暦の採用など、次々に近代化を進める明治政府に対し、各地で新政反対一揆が勃発した。福岡県では、嘉麻郡高倉村（現・飯塚市）の農民と米相場師とのいさかいを発端に、参加者十万人ともいわれる一揆が旧筑前国全域に拡大し、福岡城内にあった県庁に突入したため、大きな被害を受けた。二週間近くに及んだこの一揆も、明治政府の軍隊派遣により鎮圧された（筑前竹槍一揆）。現在、下之橋御門にその時の傷跡が残っている。

明治九年に福岡県庁が天神町（現・アクロス福岡・天神中央公園の場所）に移転したのち、福岡城の全体が陸軍省の所管になり、明治十九年からは陸軍歩兵第二十四連隊駐屯地が置かれた。明治時代中期以降も城内にはかなりの数の櫓などの建物が残っていたようであるが、明治後期から大正期にかけて黒田別邸（福岡市浜の町）や崇福寺《そうふくじ》（同市内千代町）、大正寺（北九州市八幡）に移築されている。

福岡城周辺が大きく変わったのは、昭和二（一九二七）年に東亜勧業博覧会が開催されてからである。この博覧会は福岡城跡西側の大堀を埋め立てた会場で開かれた。博覧会後、跡地は整備され、昭和五年に大濠公園が開園。第二次世界大戦後、福岡城址、連隊跡地をまとめる形で舞鶴公園が設置された。昭和二十三年に第三回国民体育大会が開催される際に、陸軍施設跡地には、平和台陸上競技場を設置、翌年には

平和台野球場などを含め「平和台総合運動場」が併設され、そのほかにも続々と公共施設が建築された。

古地図、鳥瞰図について

ここでは地図や鳥瞰図で明治から戦前までの福岡城跡や大濠周辺の移り変わりを見てみたい。掲載した地図は明治三十一年から昭和十年代にかけて発行されたもので、一枚ものの地図や鳥瞰図、絵葉書、当時の案内書などに綴じられていたものなど十五点である。これらによって、福岡城やその周辺の変遷だけでなく、町名や電車駅名、建物のおおよその形状もわかる。

特に鳥瞰図絵師・吉田初三郎によって描かれた鳥瞰図「ふくおか市」は精密に描かれており、町並みや福岡城の状況もおおまかな形状が読み取れる。福岡市関係の鳥瞰図はここに掲載したもの以外にも数点見たことがあるが、黒田別邸がある程度描かれているもの（一〇一ページに掲載）は、この「ふくおか市」のみしか目にしたことがない。いずれも古い紙物であり、状態により不鮮明なものや、書籍のサイズに合わせ縮小しているため、わかりづらい図版もあると思うが、御容赦願いたい。

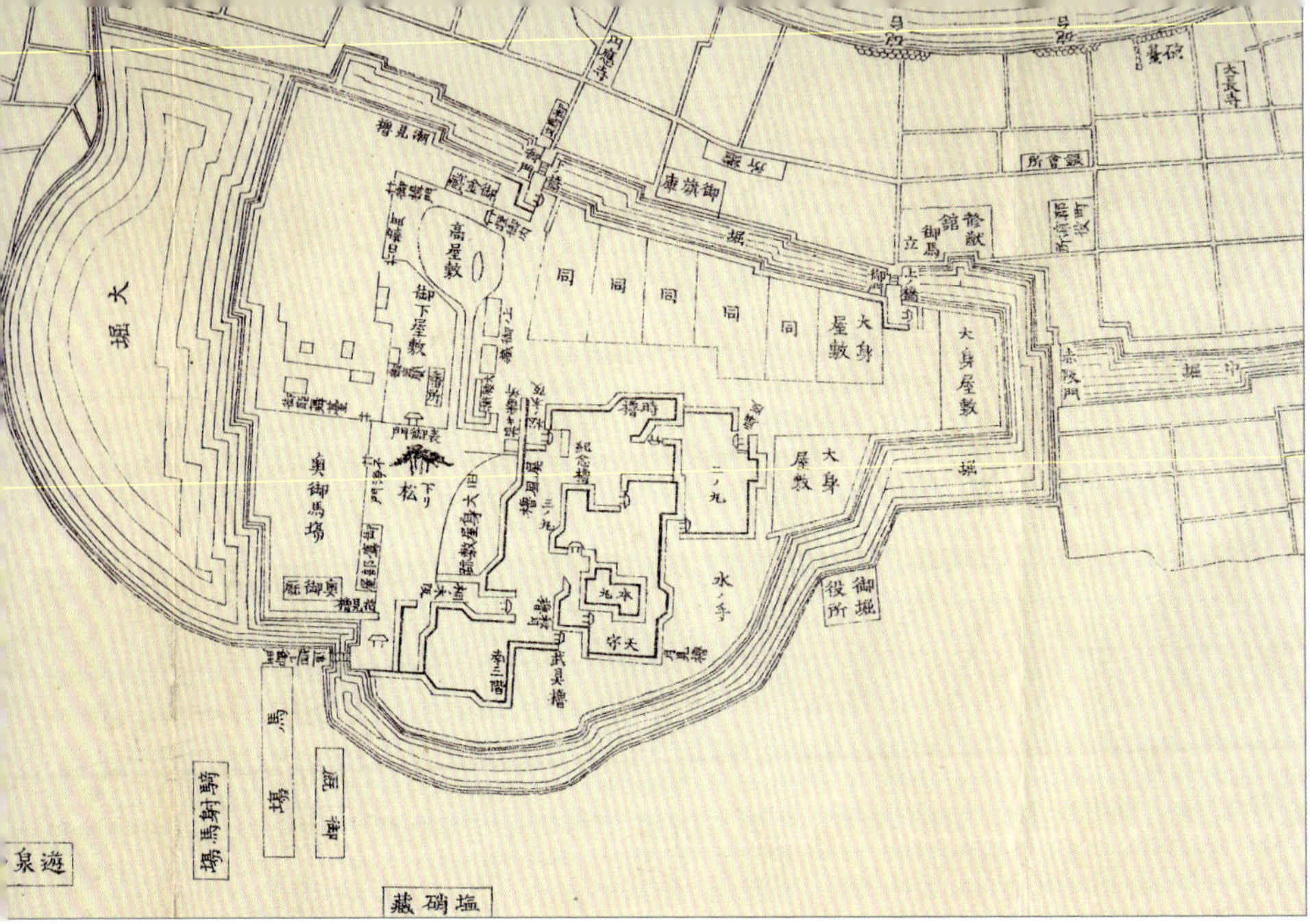

「福岡城之図」の部分（明治31［1889］年発行『鶴城起原』より）
『鶴城起原』という書物に綴じられていた福岡城之図。絵図には櫓や建物の名称が書かれ、左上には「原書軍学家香西家蔵」と記載されている。

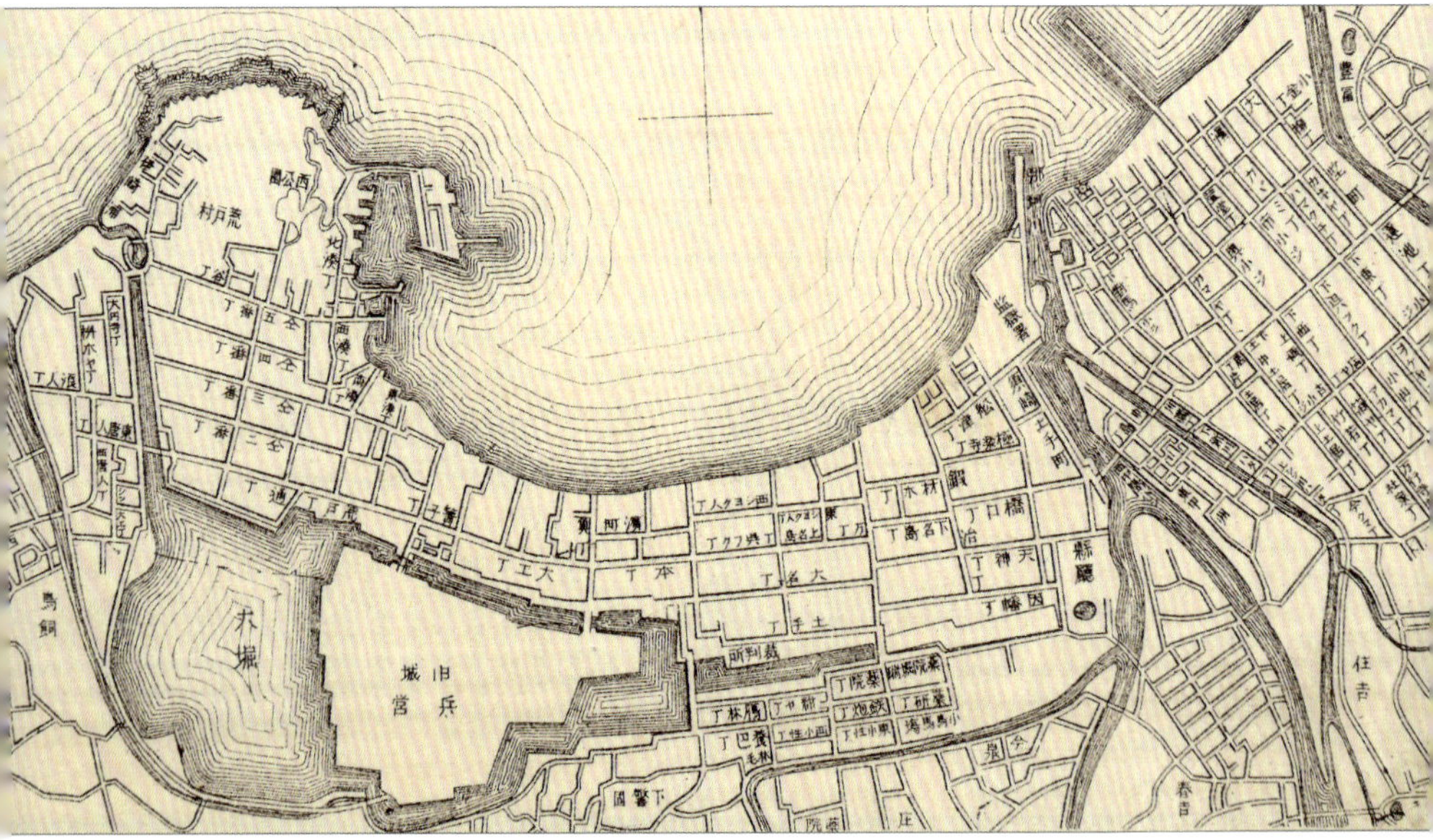

「福岡市全図」（明治43年３月発行『福岡県案内』より）
第13回九州沖縄八県連合共進会福岡県協賛会が編纂した非売品の書籍『福岡県案内』に掲載されていた地図。この地図を見ると、肥前堀の部分が埋められ、共進会場となっている。第13回九州沖縄八県共進会は、この場所で明治43年３月11日から５月９日まで開催された。

「福岡県筑前国福岡市」の部分
（明治33年発行『大日本新地図　地理統計表』より）
地図帳の中の福岡市地図。
福岡城の部分には「旧城 兵営」と記されている。

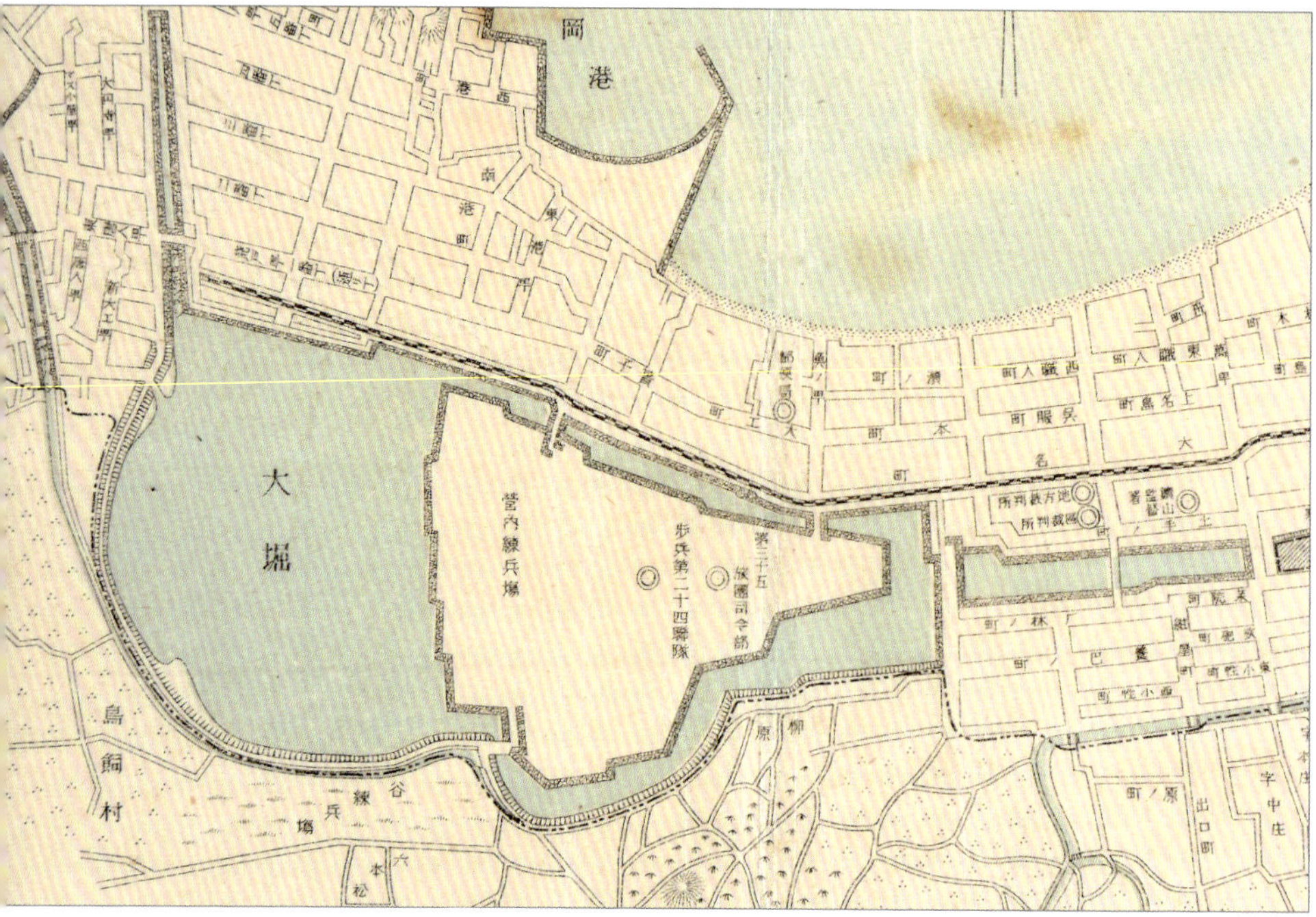

『福岡市案内』添付の地図の福岡城部分
（明治43年３月、福岡市賛助会発行『福岡市案内』より）

書籍『福岡市案内』に綴じられていた福岡市の地図の福岡城部分の拡大図。その案内文には「……時勢の変遷は古湟空しく白蓮の香りに名を留め花見、月見の両櫓に春秋の眺なく、今僅かに本丸を存す、……」と記載されている。この記述が正しければ、明治42、43年ごろまで、花見櫓、月見櫓は城内に残っていたことになる。花見櫓は明治42年に崇福寺に移築されているが、月見櫓もこの時期まで残っていたのであろうか。

大濠はまだ大堀と表記されている。

地図の上部がほぼ北側である。東側は歩兵二十四連隊が入っており、大堀側には「営内練兵場」と記載されている。南側は「谷練兵場」と記されており、大堀の南から西側にかけては早良郡鳥飼村であった。

北側には鉄道の線が描かれており、市内鉄道が走っていたことがわかる。『福岡市案内』の説明文によれば、西側の終点は「黒門橋」、東側の終点は「市外千代村」で、途中、「呉服町」より分岐して「博多停車場」まで走っていた。

この鉄道は福博電気軌道が経営しており、明治42年９月に着工し、九州沖縄八県連合勧業共進会の始まる２日前の明治43年３月９日に営業を開始した。

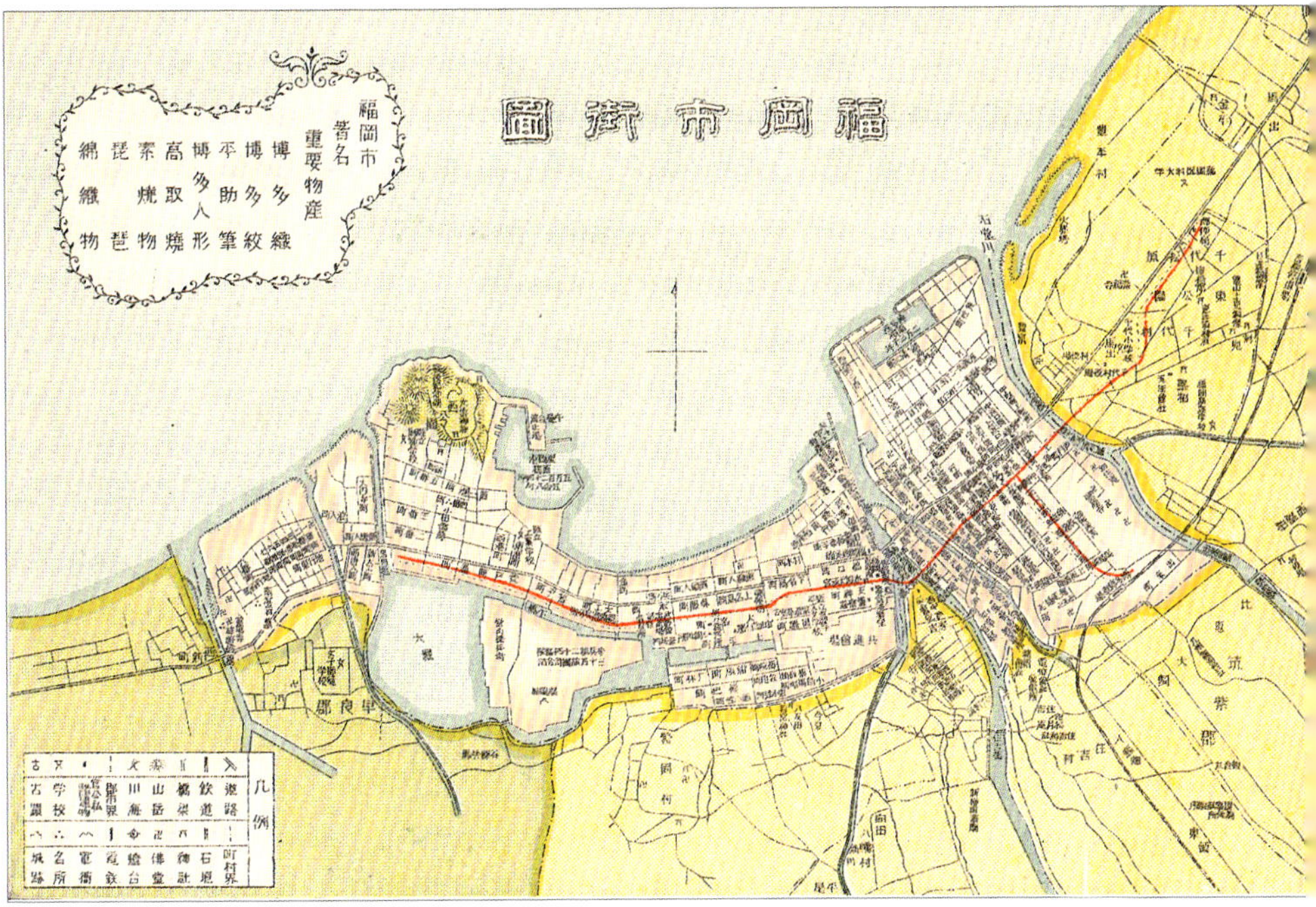

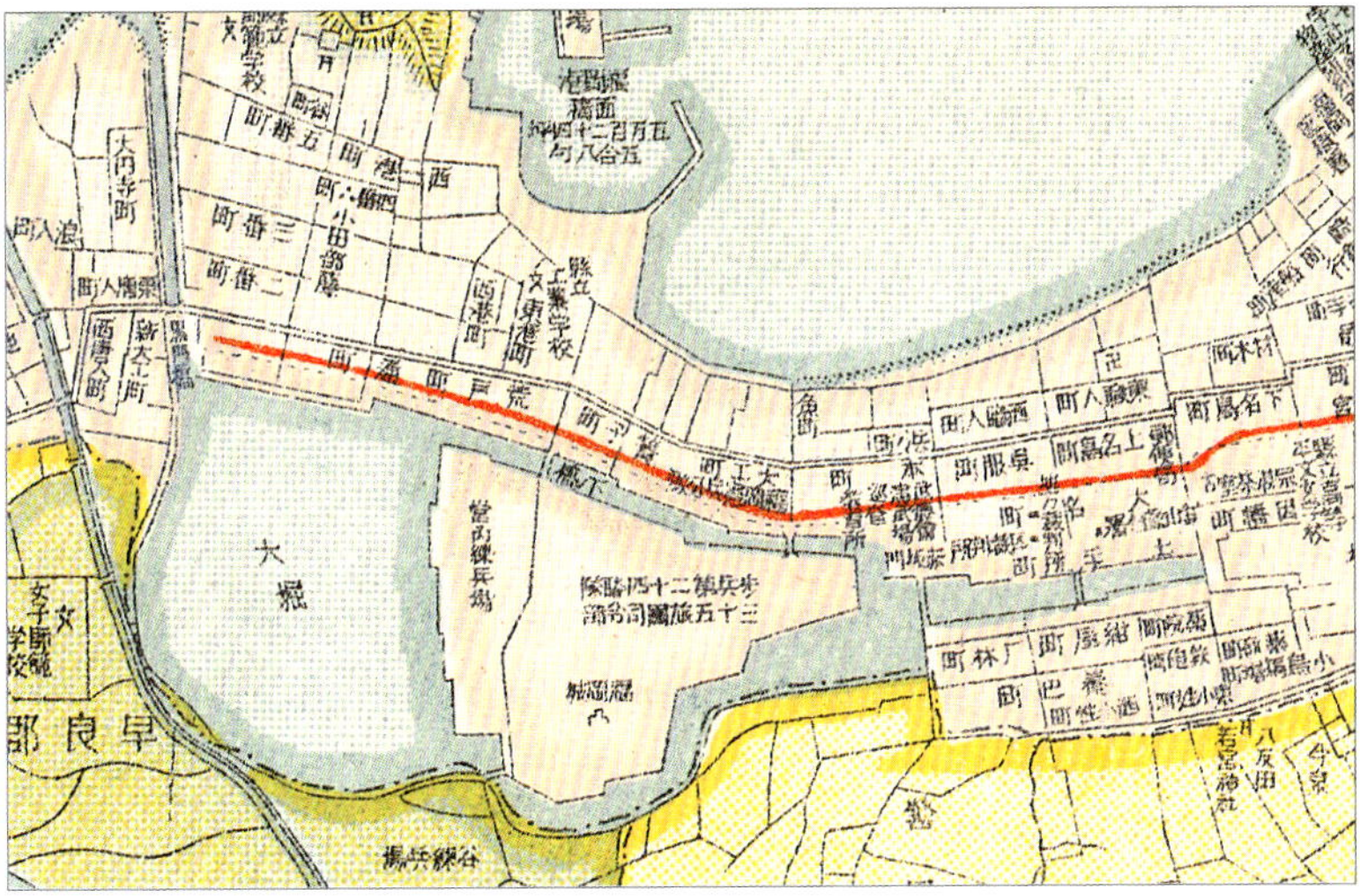

絵葉書「福岡市街図」(明治後期、HAKATA CHIKUSHIDO 発行)
ピンク色部分が福岡市内で、黄色部分が筑紫郡、緑色部分が早良郡と記載されている。下は、福岡城部分の拡大。城の周囲を堀が巡っており、城の外郭がはっきりしている。現在は南側の堀や東側の堀の大部分が埋め立てられ、西側大堀も周囲を埋め立て整備し、大濠公園として市民の憩いの場となっている。

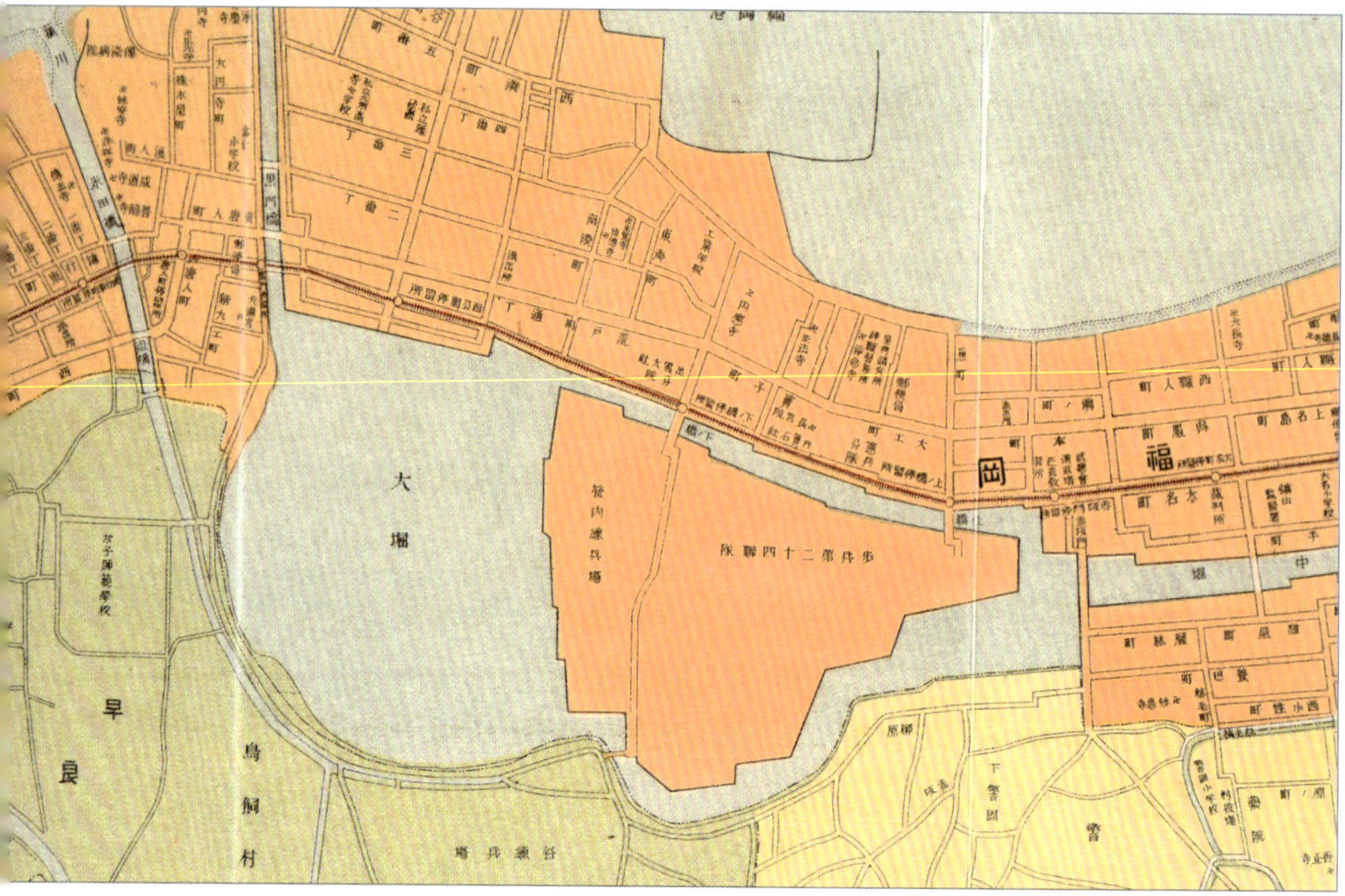

「福岡市街図」の部分（大正元［1912］年９月、博多積善館発行）

城内は「歩兵第二十四連隊」や「営内練兵場」と書かれている。城内の西側には、下之橋から追廻御門付近まで南北に道路が通っている。南側は谷練兵場であるが、118ページの地図と比べると、道路の状況が変わっている。

西側には118ページの地図にはなかった「女子師範学校」の記載がある。『福岡市案内』の中等教育諸学校には「福岡県女子師範学校　鳥飼村」と説明されており、118ページの地図では省略されていただけのようである。

北側の鉄道は西へ延長しており、このころには今川橋停留所まで走っていた。

この当時は福岡城までが市内で、南西側が早良郡鳥飼村、南東側が筑紫郡警固村になっている。

大堀の西側にあった福岡県女子師範学校（「明治44年陸軍特別大演習祈念福岡県」より）

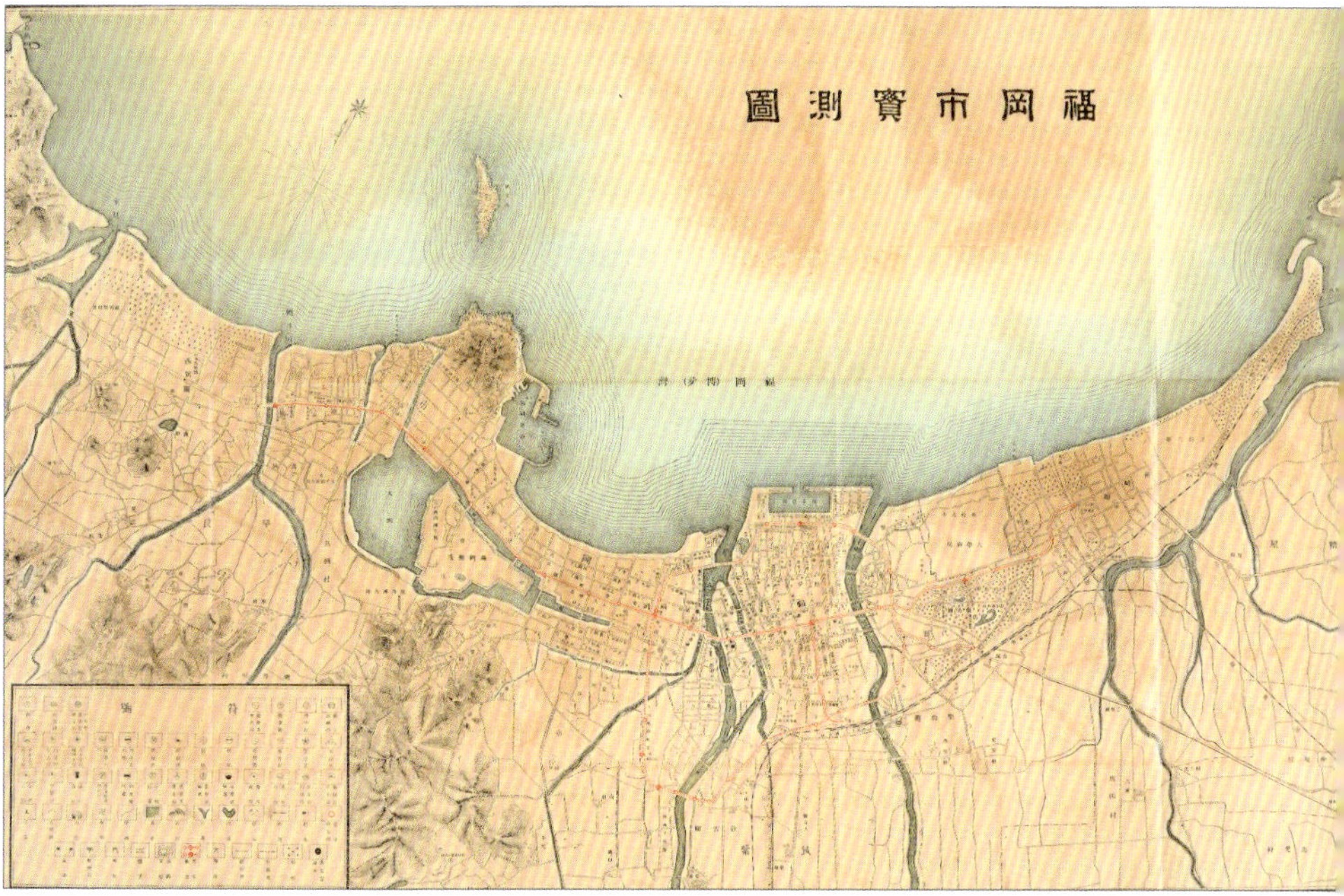

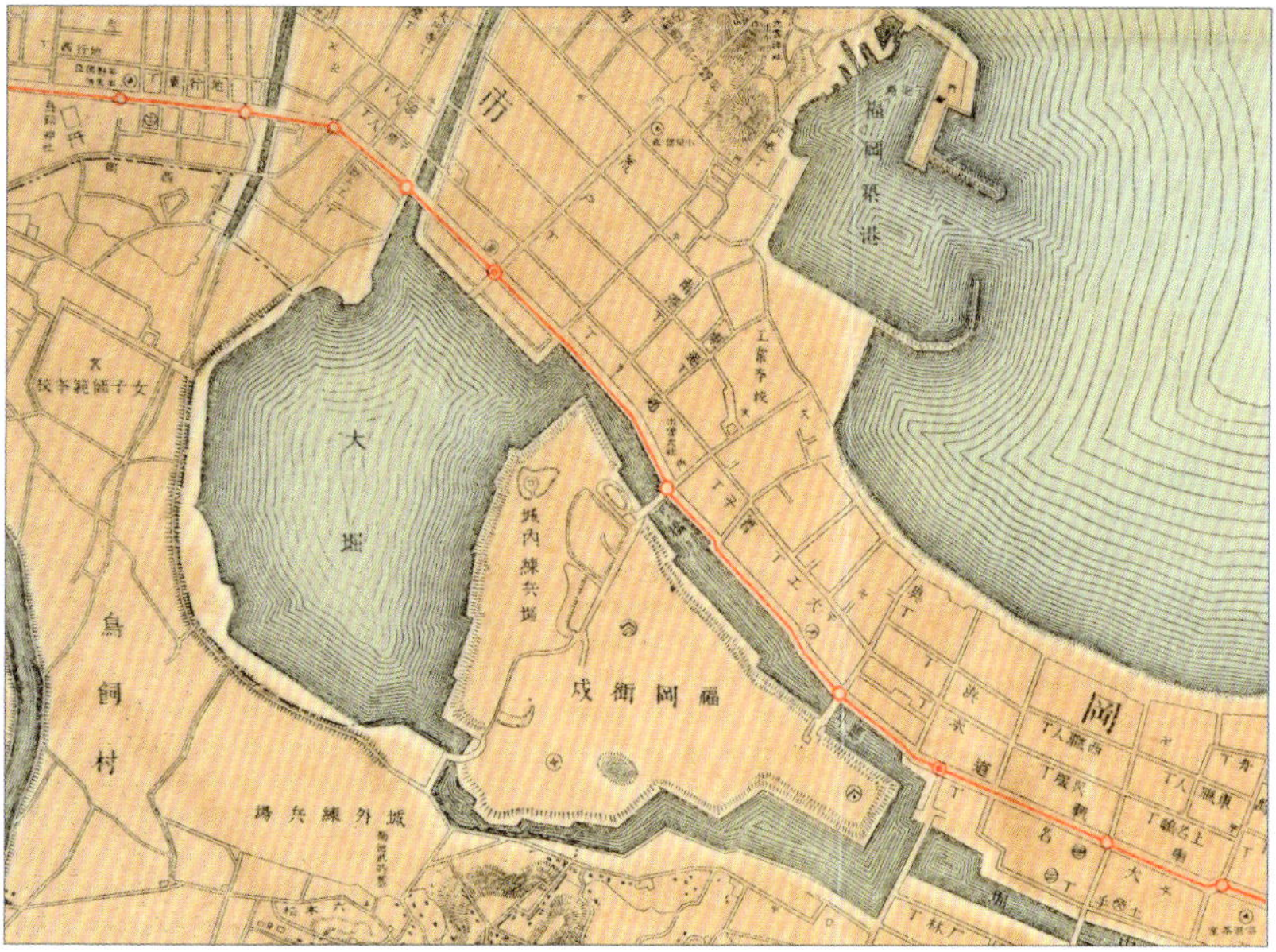

「福岡市実測図」（大正５年11月発行）

大正５年発行の『福岡市』に添付されていた地図。下は福岡城部分の拡大。「福岡衛戍」、「城内練兵場」と記載されている。

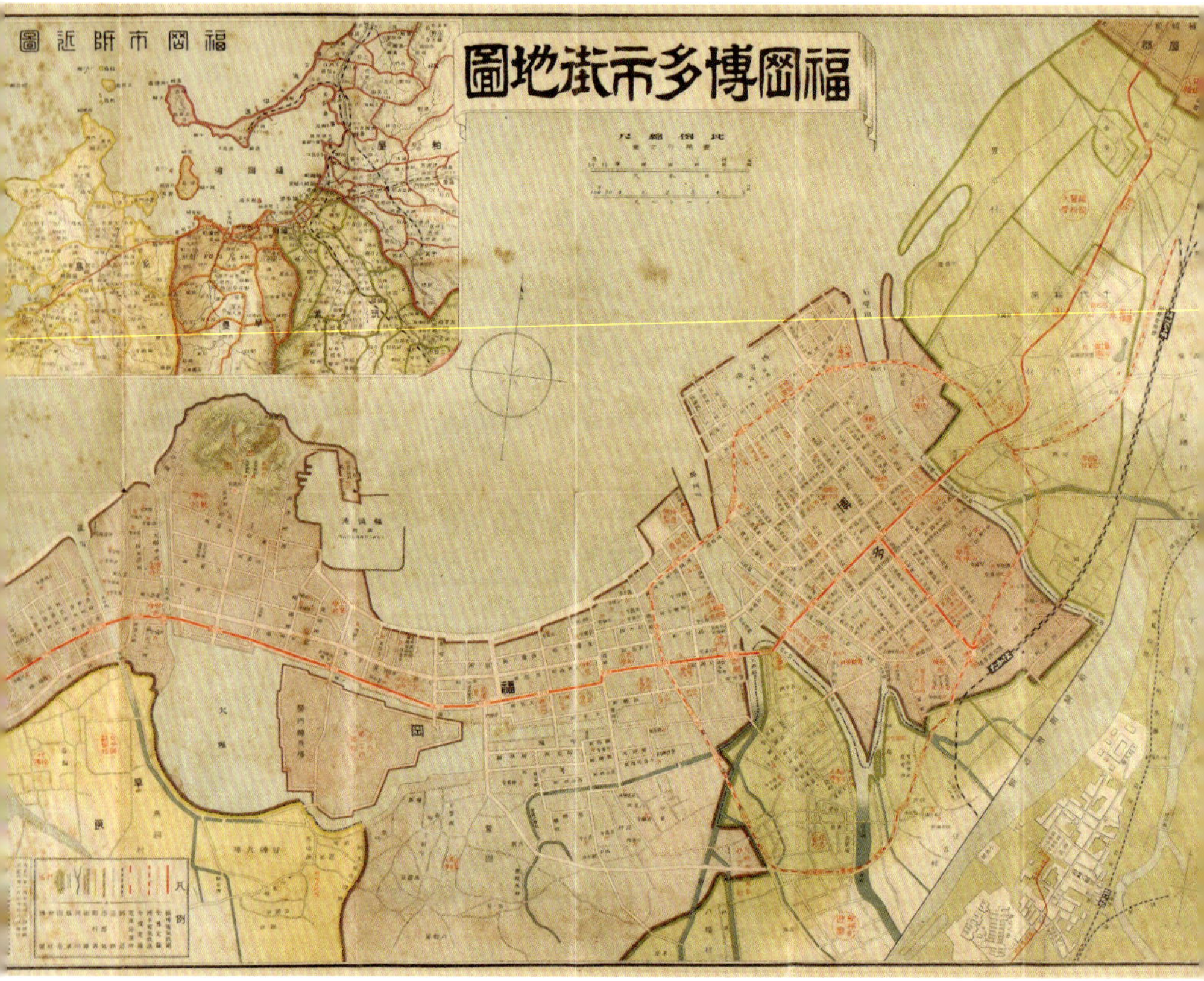

「福岡博多市街地図」（大正6年1月発行）

福岡城の部分は、停留所「下ノ橋」から南に道路が縦断している。その東側には、「歩兵第二十四連隊」、西側には「営内練兵場」と記載されている。大堀の南側は「谷練兵場」、北側は西公園まで直線の道路がつながっている。

市内と周辺を走っている電車の路線も表記されており、福博電気鉄道が、東端の箱崎から西端の今川橋までと、呉服町から停車場前（博多駅）を走らせ、博多電気鉄道が、博多駅前－柳橋－天神前－石城町－千代町－博多駅前の環状線と、千代町から吉塚駅前を走らせていた。福岡城と周辺には、東から赤坂門、上ノ橋、下ノ橋、西公園、黒門の停留所があった。

この時期には、堀も周囲を囲んでおり、中堀も残っている。

武具櫓などが移築された黒田別邸があった場所には「濱ノ町」の記載があり、北側はすぐ海岸であった。

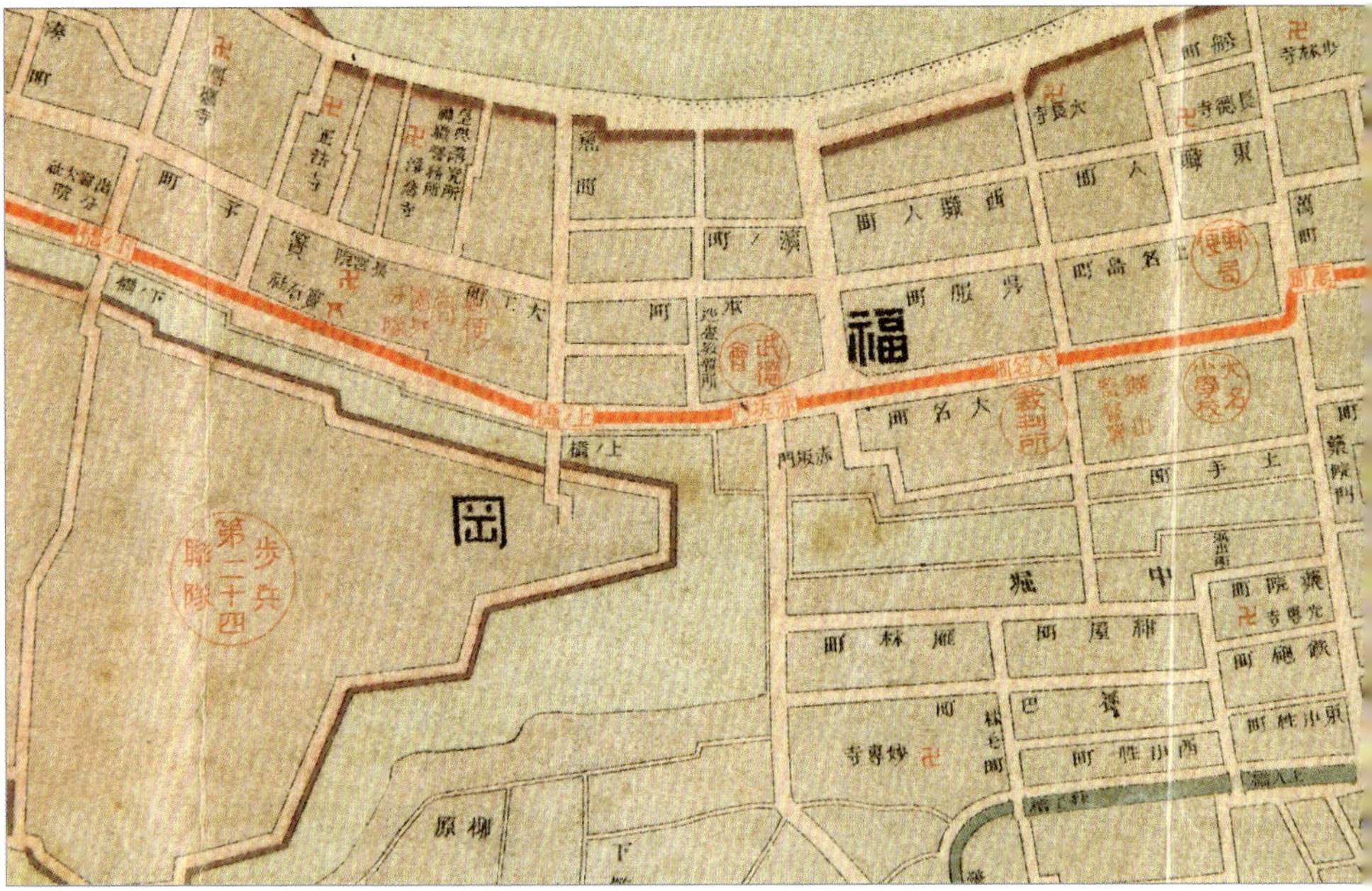

「福岡博多市街地図」の福岡城部分の拡大

福岡城の北側部分には、「上ノ橋」「下ノ橋」の停留所が記され、停留所の中間ほどの位置の上（北側）に、お綱門が移築されていたといわれている寺院の「長宮院」、中央上部には黒田別邸があった「濱ノ町」が記されている。また中堀の右側（東側）に「薬院門」、左側（西側）に「赤坂門」の表記がある。現在の大名周辺である。

戦前の絵葉書「（博多名所）福岡城址」下之橋周辺の状況。左端には、福岡城の北側の堀に沿って走っていた電車が見える

「最新福岡博多及郊外地図」の部分（大正11年7月発行）
城内は「歩兵二十四連隊」、「城内練兵場」と記されている。城内の赤色の部分が建物を示していると考えられ、福岡城の残存建築物と思える部分もあるが、詳細は読み取れない。

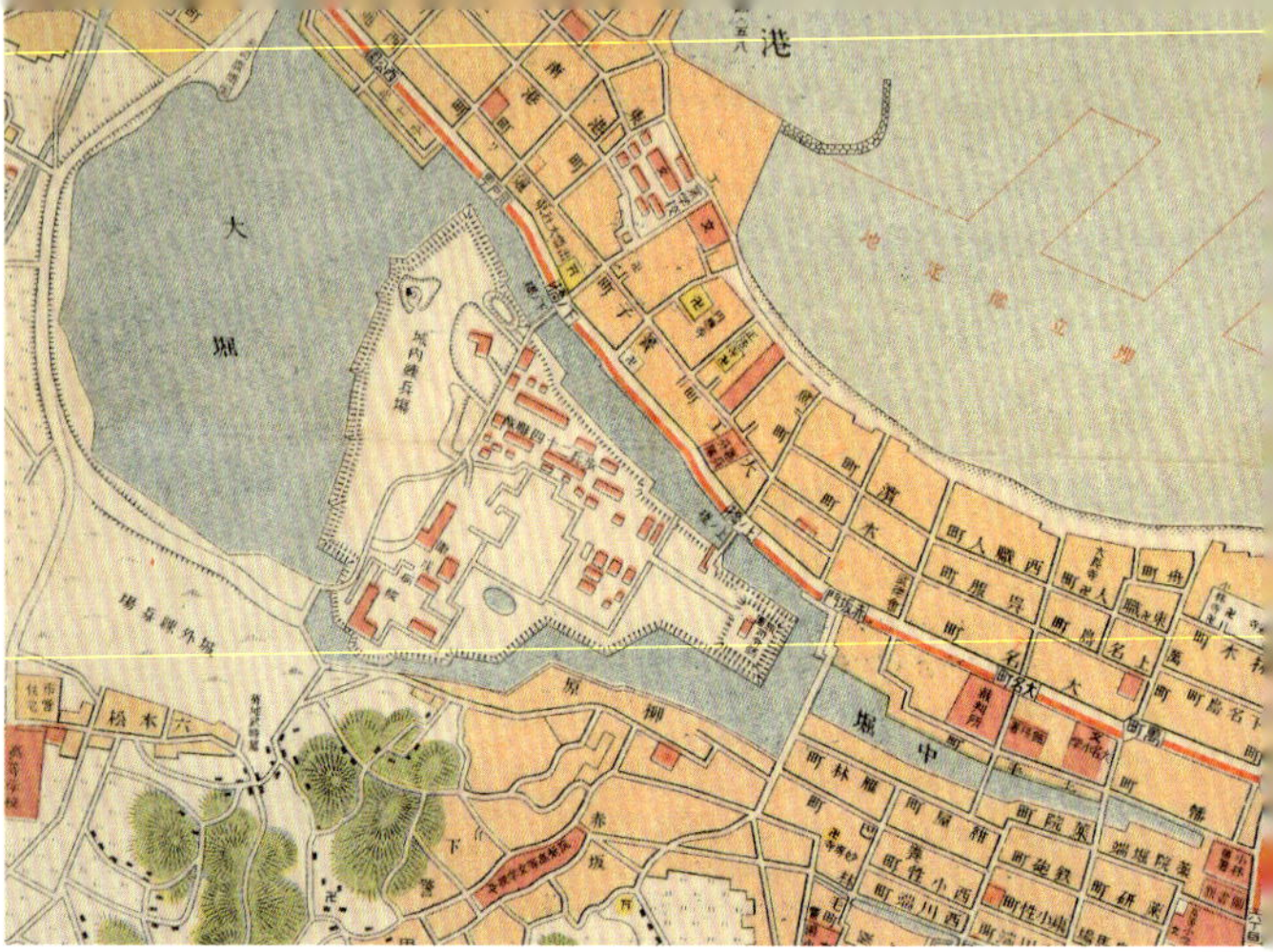

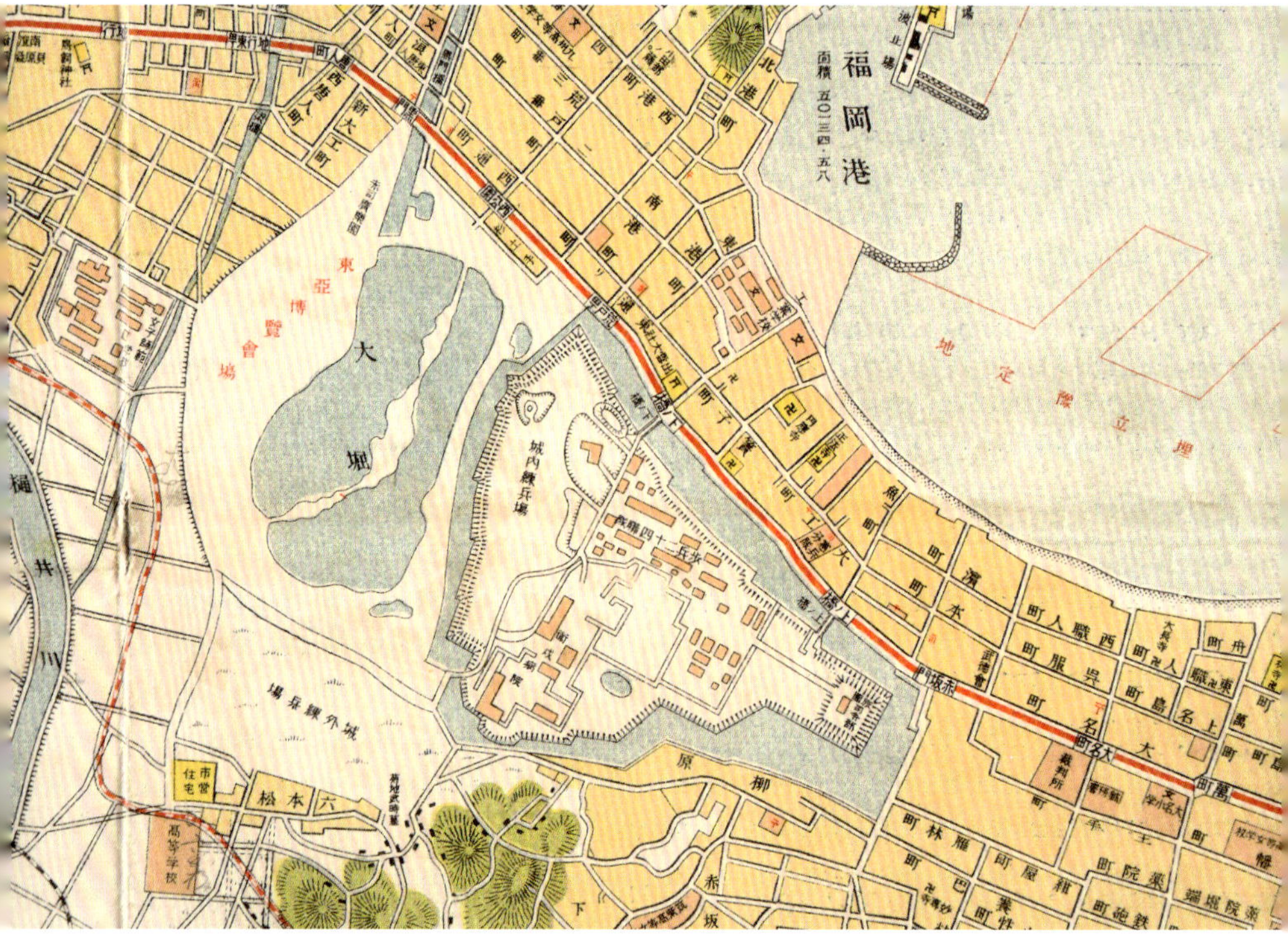

「福岡市街及郊外地図」の部分（昭和2［1927］年4月発行）
大堀の形状が大きく変わってきている。西側を中心に周囲を埋め立て修築し、堀の中を南北に横断する通路が設置されている。特に大きく埋められたのは西側の部分で、ここは東亜博覧会場となっている。また、東側の中堀も埋め立てられている。

「東亜博覧会鳥瞰図」の部分（昭和２年、福岡日日新聞発行）
堀の周囲には博覧会会場の建物や施設が建っている。中央右寄りに福岡城跡が描かれ、上が博多湾、左側に桜が満開の西公園が見える。昭和２年３月25日から５月23日までの博覧会開催に備え、大正14年から工事を開始。開催後は公園として整備され、昭和５年に県営大濠公園として開園した。

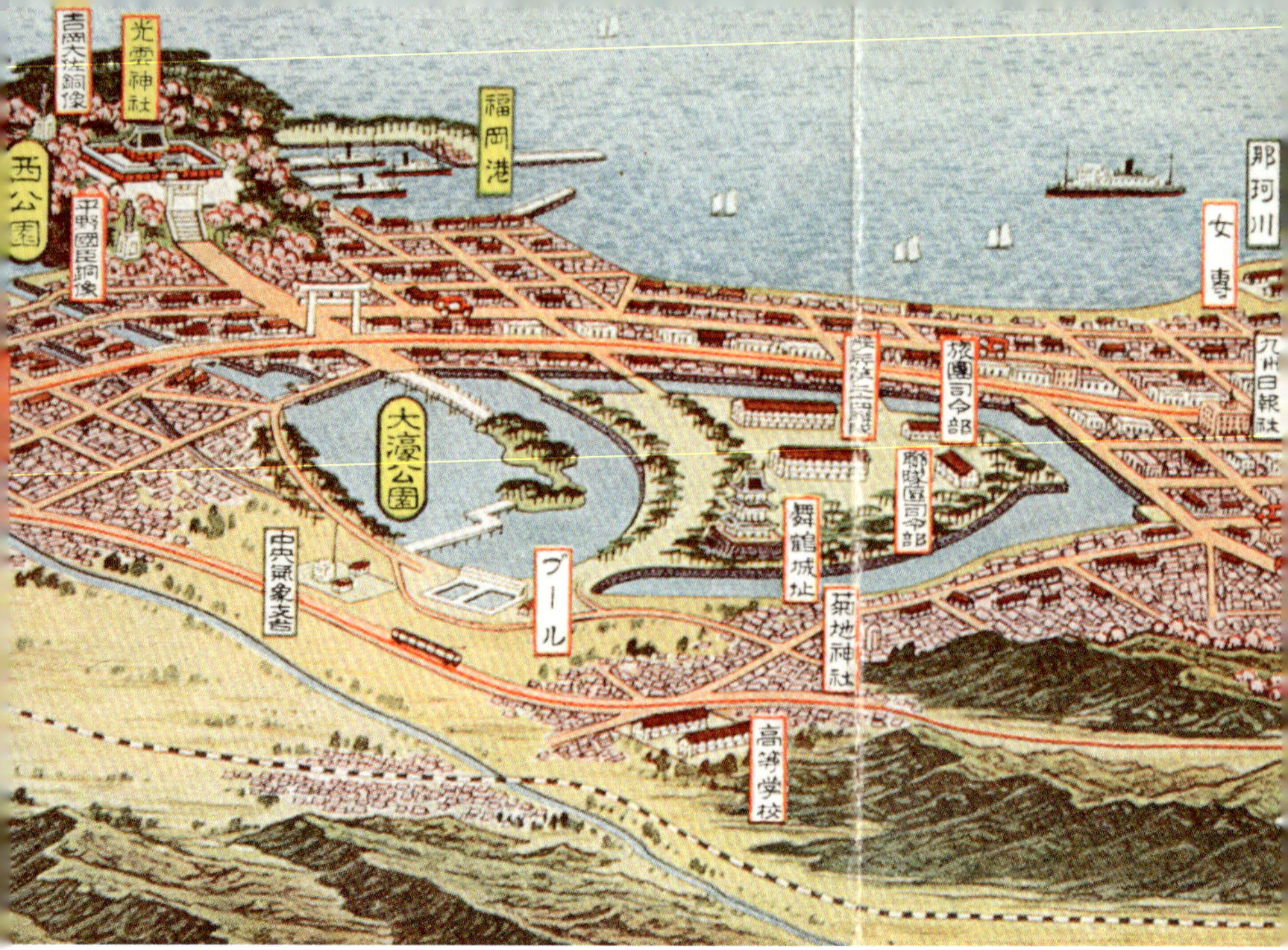

「福岡市名所案内」の部分（昭和７年、福岡市観光協会発行）
かなり概略の図であるが、大まかな感じは読み取れる。城内に三階櫓のような建物が描かれているが、この時期であれば、位置から考えても南の丸多門櫓の西隅櫓と思われる。西隅櫓は三階櫓ではないが、略図であり、単に城を表すために描いただけとも考えられる。

「理想之楽土」の全体図
福岡市全体の鳥瞰図で、当時の博多湾埋め立て事業の案内図である。裏面には分譲土地区画割図や区割り表が掲載されている。また、福岡の主な名所の写真も掲載され、説明文がある。

吉田初三郎画「理想之楽土」の部分
（飛島埋立土地分譲事務所発行）

発行年は記載がないが、初三郎の画風から見て昭和10年前後ではないかと思われる。上は福岡城部分の拡大だが、南の丸多門櫓が描かれており、北隅櫓もまだ残っていたことがわかる。また、右端中央には黒田別邸武具櫓も描かれている。下は全体図。

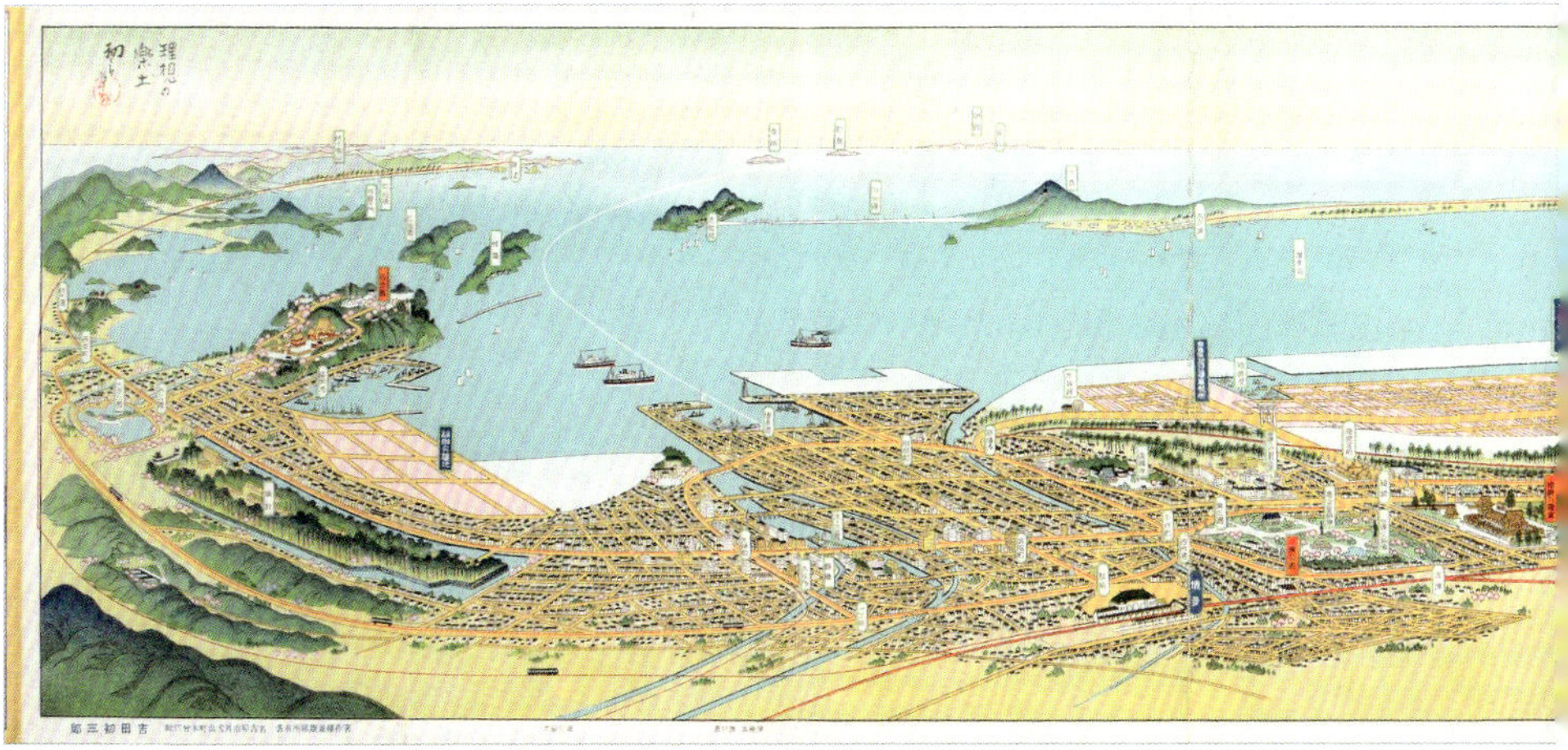

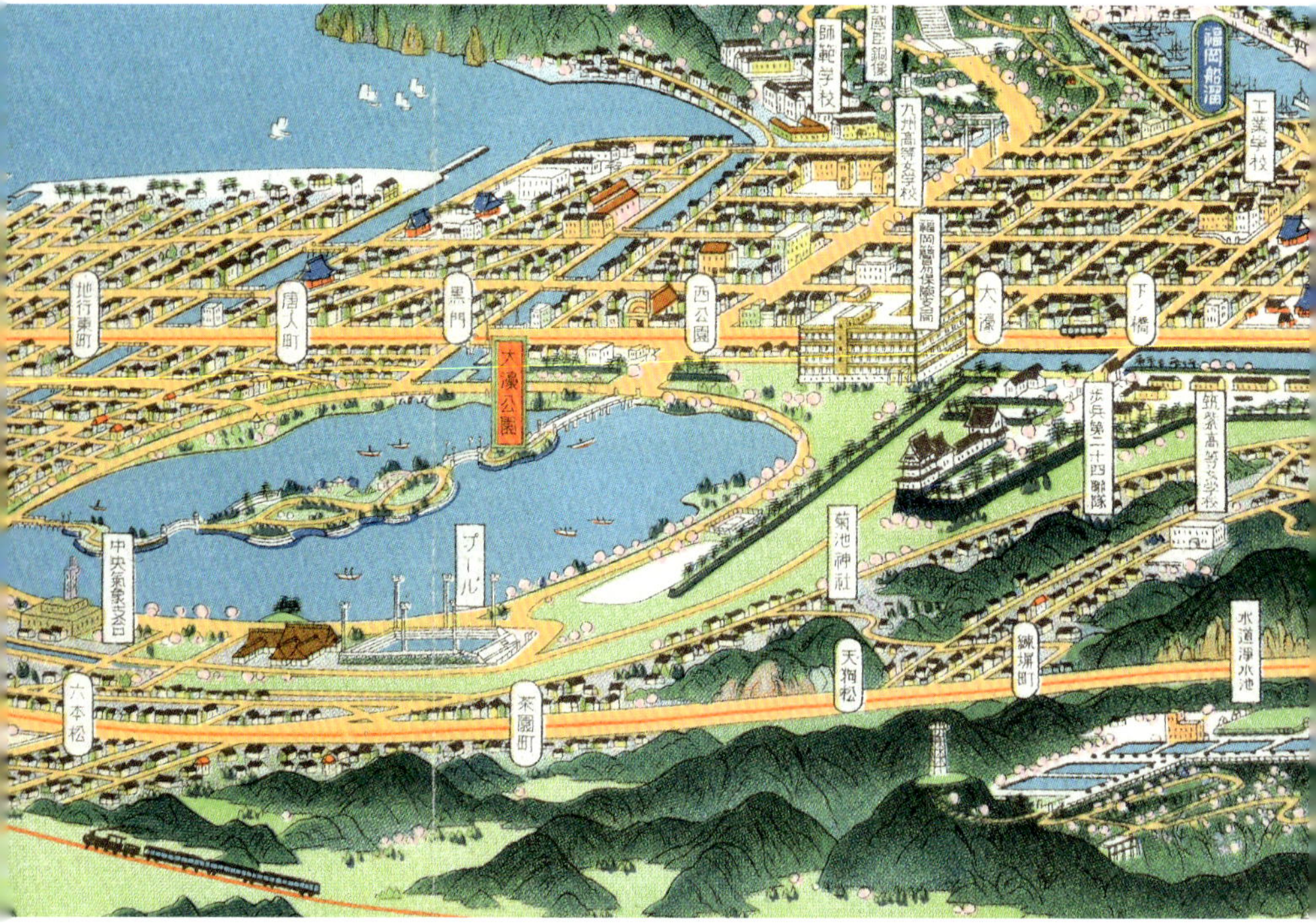

吉田初三郎画「ふくおか市」の部分（昭和11年３月、福岡市役所観光課発行）
福岡城部分を拡大したもの。南の丸の多門櫓、西角櫓、北角櫓が描かれている。下之橋にも門らしき建物が見える。周囲の町並みの状況もよく描かれており、町の名称や主な建物名、外観も読み取ることができる。
大堀は大濠公園と記載され、公園の東北側（右側）には福岡簡易保険支局が、南側（大濠の下）には中央気象支台とプールが描かれている。中央気象支台（中央気象台福岡支台）は、昭和６年に名島より移転し、昭和14年に新しい庁舎が完成して福岡管区気象台と改称された。現在の建物は昭和42年に建てられたもので、旧庁舎も残っている。

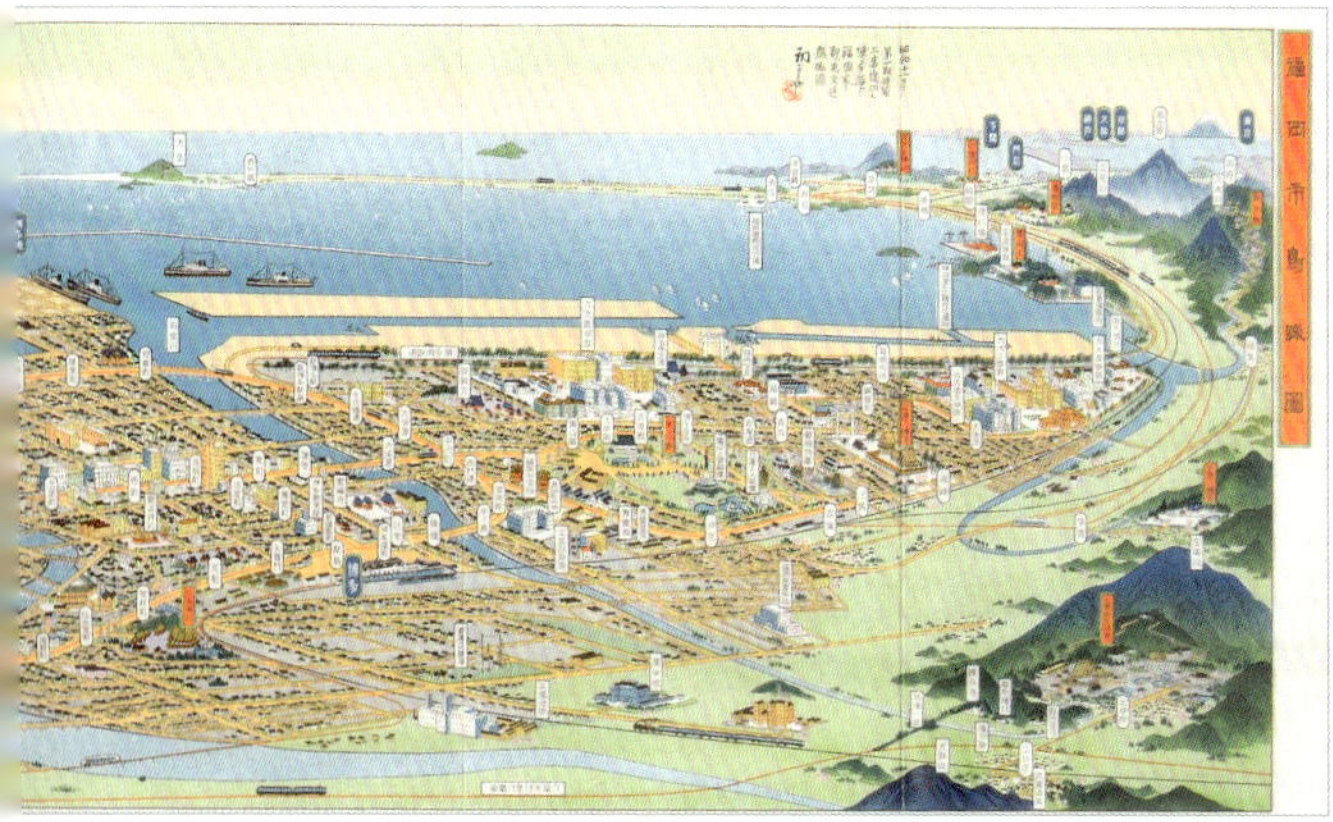

鳥瞰図の下部（南側）の道路にも、城南線の鉄道が描かれており、この時期には南側にも市内電車が走っていた。
左は全体図。

戦前の絵葉書「福岡と博多名所）若人の散策地大濠公園」
中央に写っている建物が福岡簡易保険支局。福岡簡易保険支局は鉄筋コンクリート造４階建てで、昭和９年に建てられた。その後、改修はされたものの残っており、現在、かんぽ生命保険福岡サービスセンターとなっている

昭和初期の絵葉書「（福博名所）西公園山上より大濠を望む」
西公園の上部（北側）から下部（南側）大濠公園方面を見る。西公園は明治14年に公園として整備され、当初は荒津山公園と呼ばれていた。桜の名所である

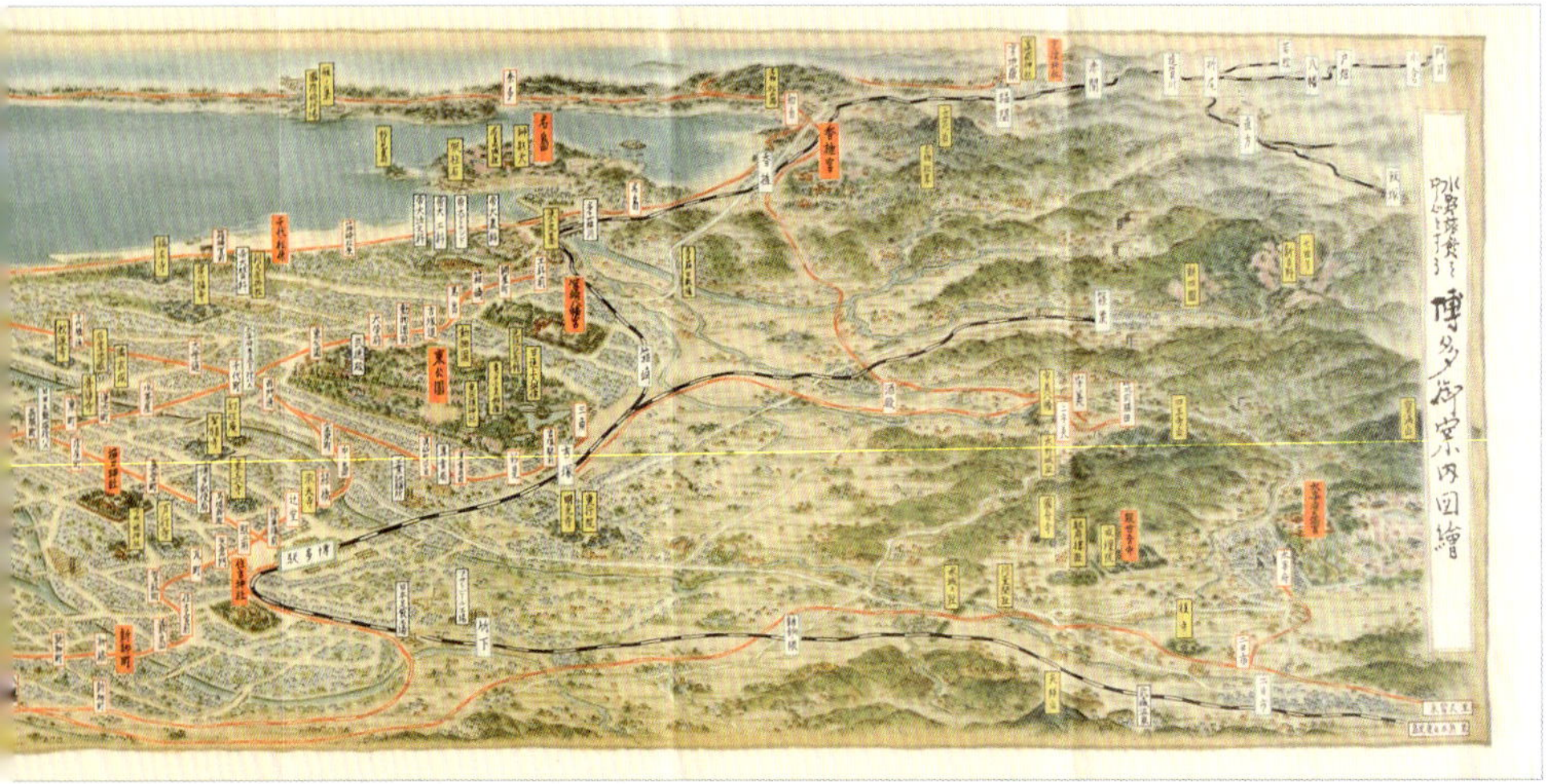
博多御案内図繪

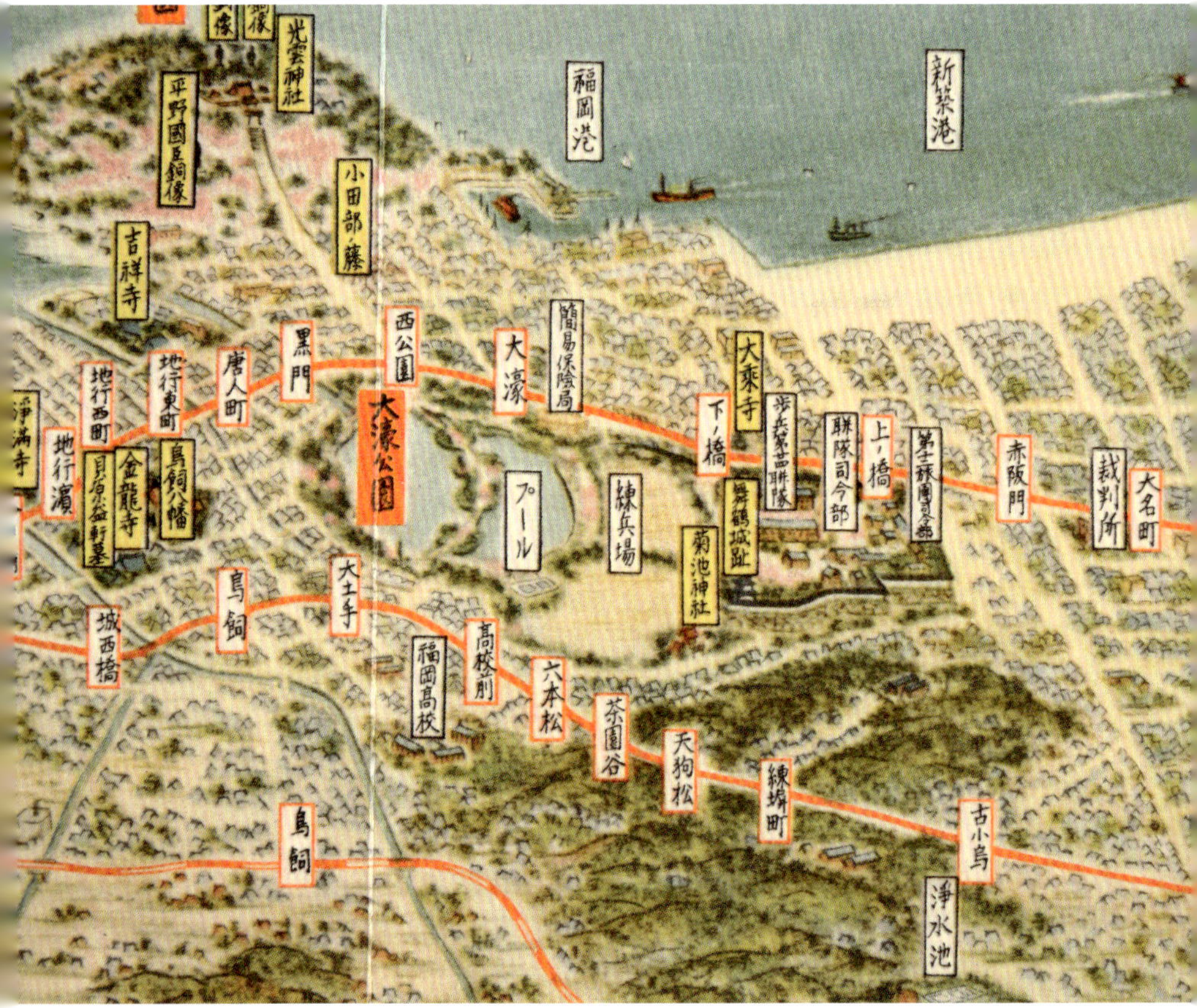
光雲神社
平野國臣銅像
小田部藤
吉祥寺
福岡港
新築港
西公園
黒門
唐人町
地行東町
地行西町
浄満寺
地行濱
金龍寺
鳥飼八幡
大濠
大濠公園
簡易保険局
大乘寺
下ノ橋
歩兵第廿四聯隊
聯隊司令部
上ノ橋
第十二師團司令部
赤阪門
裁判所
大名町
プール
練兵場
舞鶴城趾
菊池神社
鳥飼
大土手
城西橋
高校前
福岡高校
六本松
茶園谷
天狗松
練塀町
古小烏
浄水池
鳥飼

佐々木たけし画「博多御案内図絵」（京都・佐々木図案社製作）

発行年は記載がないが、天神町に岩田屋が記載されており、昭和11年以降に製作されたものであることがわかる。東中洲の水野旅館の案内を主にした鳥瞰図であり、水野旅館が発行したものと思われる。

右は福岡城部分を拡大したもの。舞鶴城跡と記載されており、櫓や塀が描かれている。福岡城の南側にこの絵のような塀が残っていたとは考えにくいが、当時のおおよその状況は読み取れる。

昭和初期の絵葉書「（福岡と博多名所）商舗櫛比して交通頻繁を極むる天神町の町観」

天神交差点、現在の福岡ビル周辺で、奥に渡辺通り南方面を見る。奥に見える建物は福岡日日新聞本社で、現在の大丸デパート付近である

昭和戦前の絵葉書「岩田屋百貨店」

天神交差点の一角に昭和11年10月に開店した岩田屋デパート。現在は外観も改修され、福岡パルコ本館となっている。手前右は東邦電力の建物で、現在は天神ビルが建っている

彩色する前の絵葉書写真（明治後期頃）
「名古屋城天守西面遠景」

左の写真と同じ写真を手彩色したもの

［コラム］古絵葉書の発行年代

絵葉書は、アメリカやヨーロッパでは一八八〇年代には流行していたが、日本では明治三十三（一九〇〇）年十月に逓信省令《ていしんしょうれい》が公布され、私製葉書の発行が認められてから知られてきたようである。その後、明治三十五年六月に逓信省が万国郵便連合加盟二十五周年を記念して発行した絵葉書が大評判になり、さらに明治三十七年から翌年にかけて日露戦争に赴く兵士を慰問するために戦役記念の絵葉書を発行すると、大人気となった。民間でも絵葉書が発行されるようになり、全国各地の名所や風俗、美人物、そして戦争関係、陸海軍関係のものも流行していった。

カラー印刷技術がない時代には、白黒の絵葉書写真に一枚ずつ筆で色付けする手彩色絵葉書も人気があった。ただし、手彩色絵葉書は、色付する人の技量により仕上がりにかなり差があったように感じる。丁寧に色付けされたものはカラー写真のように見事な仕上がりになっている。

絵葉書の発行年代の見分け方であるが、差出人が年月日を書いてあるか、消印の日付が押されていれば、目安になる。日付がわからないものに関しては、裏面（宛名面）である程度判断ができる。

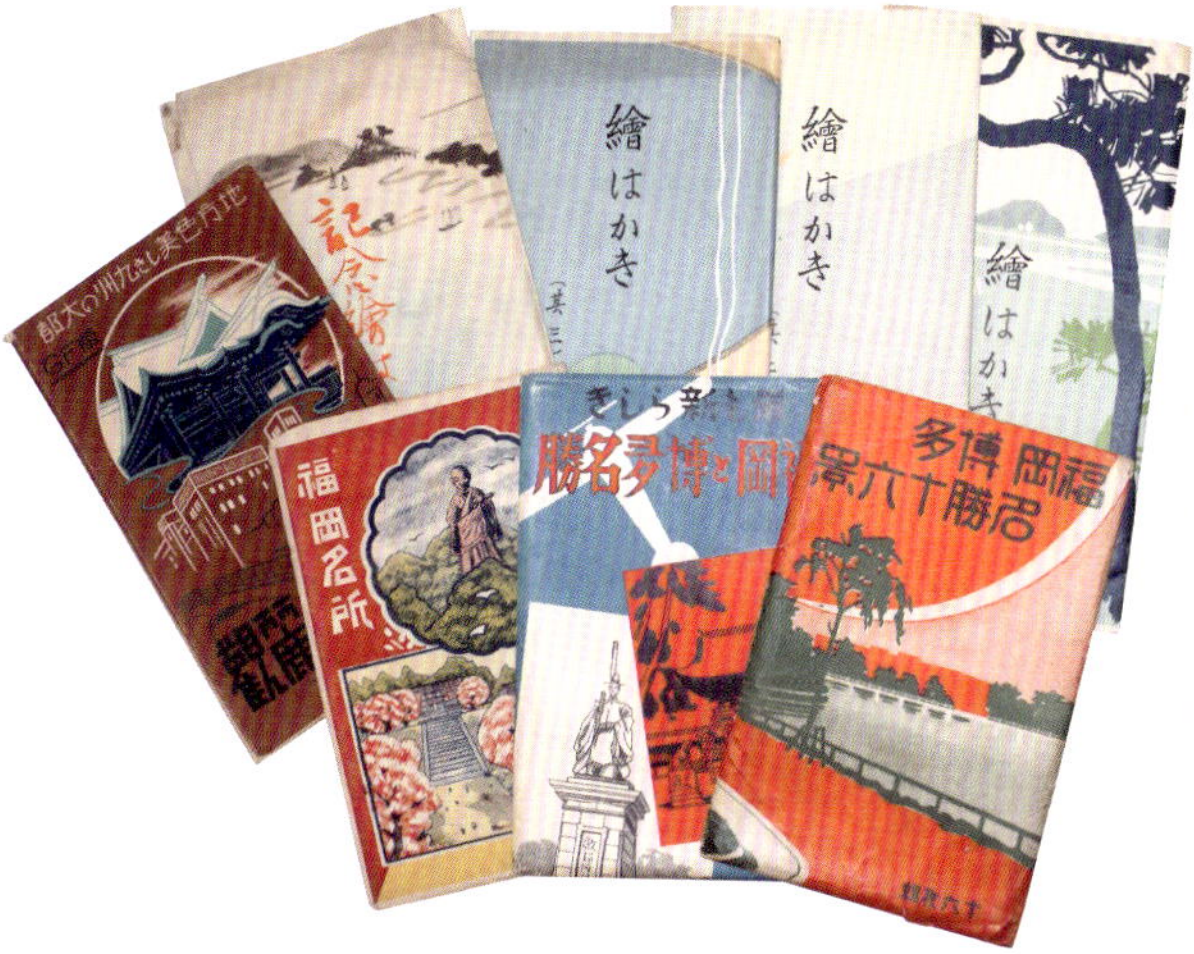

絵葉書の袋（タトゥー）。この袋に10枚前後から16枚程度入っており、名所・旧跡・社寺・町並みなどと一緒に福岡城の絵葉書も入っていた。福岡に関する絵葉書は「博多大崎周水堂製」が多く、大黒屋、秀巧社、士魂屋、中戸川などもある

日本では、絵葉書が許可された当時は、裏面には通信文を書くスペースはなかった。そのため、絵の面の余白に文書を書いたものも、たまに見かける。その後、明治四十年四月から宛名面の下三分の一以内の通信文スペースが許可され、さらに大正七（一九一八）年三月からは二分の一に拡大された。

また宛名面の上部に記載されている「郵便はかき」の表示が、昭和八（一九三三）年二月から「郵便はがき」となった。ただし、明治後期から大正期の絵葉書でも、わずかではあるが「郵便ハガキ」と記載されたものもある。文字の表記も、戦前は右から左に印刷されていたものが、戦後には左からとなった。

このように、絵葉書の発行年代はおおよその目安がつくが、表面の写真は発行当時の状況か、もっと以前の写真を使っているのかは、写っている建物や周囲の状況を考慮し、よく検討しないと断定できない。大半の絵葉書写真は発行より少し前に撮影したものと思われるが、私が蒐集しているお城関係の絵葉書写真には、発行時期には存在しなかった建物が写っているものが多くある。これは、明治初期から中期の古写真を流用していたようである。

1筑前舞鶴城絵葉書の裏面（宛名面）
未使用なため消印などがなく詳しい年代は確定できないが、通信文のスペース（区画線で区切っている部分）がないので、明治35～40年ごろの発行と考えられる

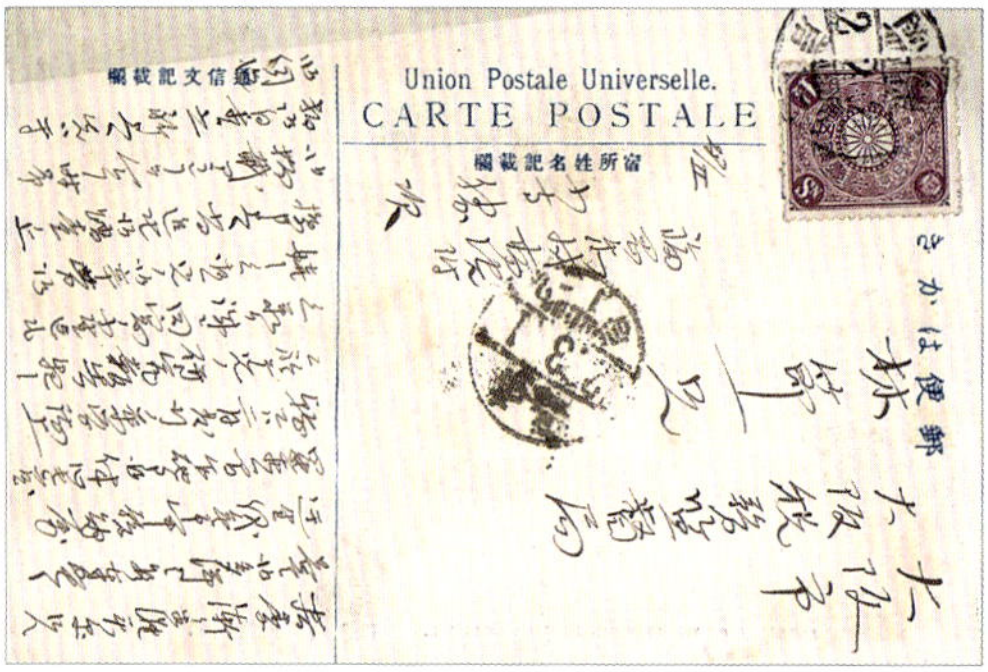

10福岡衛戍病院入口絵葉書の裏面
明治42年の消印がある。ほぼ下３分の１が、通信文スペースとして区切られている。

2福岡衛戍絵葉書の裏面
通信文のスペースが、ほぼ下３分の１になっており、明治40年４月から大正７年２月の間に発行されたものと考えられる。

3福岡城跡絵葉書の裏面
通信文のスペースが　ほぼ下３分の１になっており、2福岡衛戍絵葉書と同様に明治40年４月～大正７年２月の間に発行されたものと考えられるが、デザインはまったく異なっている。

65お綱門絵葉書の裏面
通信文のスペースがほぼ2分の1になっており、大正7年3月から昭和8年1月の間に発行されたものと考えられる。

61黒田騒動絵葉書の裏面
通信文のスペースが、お綱門絵葉書同様、ほぼ2分の1になっているが、上部の記載が「きがは便郵」になっているため、昭和8年2月以降の発行と考えられる。

132ページ名古屋城手彩色絵葉書の裏面
通信文スペースの位置から考えると、明治40年4月から大正7年2月の間に発行されたものと考えられるが、上部には「キガハ便郵」と記載されている。

明治後期に発行されたと思われる萩城（山口県）天守閣の写真が掲載されている絵葉書。遊覧記念のスタンプ日付は明治45年4月29日になっているが、萩城の天守閣は明治7年に解体されている。解体前の明治初期に撮影された写真を流用した絵葉書である。

福岡藩および福岡城関係略年表

和暦	西暦	事項
慶長5年	1600年	関ヶ原合戦、黒田官兵衛・長政、筑前国名島城へ入城
慶長6年	1601年	福岡城築城開始、筑前六端城築城開始
慶長9年	1604年	黒田官兵衛（如水）没（京都伏見黒田藩邸）
元和元年	1615年	一国一城令により、筑前六端城破却
元和9年	1623年	長政没、忠之が2代藩主となる
寛永9年	1632年	黒田騒動*が起きる（～寛永10年）
寛永14年	1637年	島原の乱*勃発（～寛永15年）
寛永18年	1641年	博多松囃子が再興（博多どんたくの源流）
承応3年	1654年	忠之没、光之が3代藩主となる。以後、12代長知まで続く
宝暦4年	1754年	6代藩主継高、別館「友泉亭」を建てる（現在の城南区友泉亭）
天明4年	1784年	東西学問所*開設（東・修猷館、西・甘棠館）
明治2年	1869年	6月、版籍奉還。12代藩主長知が初代福岡知藩事となる
明治4年	1871年	7月、長知、太政官札偽造事件により知藩事を免職される 同月、廃藩置県、福岡県庁を城内三の丸に置く

明治6年	１８７３年	存城廃城令。福岡城址が陸軍省の所管となる 6月、筑前竹槍一揆が起こる
明治8年	１８７５年	東取入門（枡形門）以南の那珂川西岸の石垣を撤去
明治9年	１８７６年	天神町に県庁を移転
明治19年	１８８６年	「歩兵第二十四連隊」が福岡城址に創設
明治20年	１８８７年	東取入門（枡形門）以北の那珂川西岸の石垣撤去開始（～明治22年）
明治22年	１８８９年	福岡市誕生
明治35年	１９０２年	三の丸鉄物櫓が爆発・炎上
明治41年	１９０８年	三の丸花見櫓と潮見櫓（伝月見櫓）を崇福寺へ移築
大正5年	１９１６年	本丸武具櫓、裏御門、太鼓櫓（伝潮見櫓）を黒田別邸へ移築
大正7年	１９１８年	本丸表御門を崇福寺へ移築、山門となる
大正9年	１９２０年	本丸祈念櫓を八幡の大正寺へ移築
大正14年	１９２５年	大堀の約半分の埋め立て開始
昭和2年	１９２７年	東亜勧業博覧会開催
昭和5年	１９３０年	県営大濠公園が開園
昭和20年	１９４５年	福岡大空襲。黒田別邸の武具櫓、裏御門を焼失
昭和23年	１９４８年	第3回国民体育大会が開催された際、平和台陸上競技場建設
昭和24年	１９４９年	平和台野球場建設（１９９７年閉鎖）
昭和31年	１９５６年	太鼓櫓（伝潮見櫓）城内現在地に再移築

昭和32年	１９５７年	福岡城跡が国の史跡に指定される
昭和35年	１９６０年	舞鶴中学校設立
昭和38年	１９６３年	国立福岡中央病院開院
昭和43年	１９６８年	福岡高裁、地裁、簡易裁判所合同庁舎新築
昭和46年	１９７１年	12月、南の丸多聞櫓が国の重要文化財に指定される（昭和47～49年解体修理工事）
昭和54年	１９７９年	福岡市美術館開館
昭和59年	１９８４年	大正寺へ移築されていた祈念櫓といわれている建物が、本丸祈念櫓跡に再移築
昭和62年	１９８７年	球場外野席改修工事による発掘調査で鴻臚館遺構発見
平成4年	１９９２年	練兵場跡地にＮＨＫ落成
平成6年	１９９４年	中央病院移転
平成7年	１９９５年	鴻臚館跡展示館開館
平成9年	１９９７年	平和台野球場閉鎖
平成16年	２００４年	鴻臚館跡が国の史跡に指定される
平成20年	２００８年	下之橋御門を櫓部分も含め復元（平成12年、不審火により火災にあったが、焼け残った部材を使用）
平成24年	２０１２年	「福岡城むかし探訪館」開館
平成26年	２０１４年	案内・休憩施設として福岡城・鴻臚館案内処「三の丸スクエア」開館

福岡藩歴代藩主

長政《ながまさ》　慶長五－元和九年（一六〇〇－一六二三年）
忠之《ただゆき》　元和九－承応三年（一六二三－一六五四年）
光之《みつゆき》　承応三－元禄元年（一六五四－一六八八年）
綱政《つなまさ》　元禄元－正徳元年（一六八八－一七一一年）
宣政《のぶまさ》　正徳元－享保四年（一七一一－一七一九年）
継高《つぐたか》　享保四－明和六年（一七一九－一七六九年）
治之《はるゆき》　明和六－天明元年（一七六九－一七八一年）
治高《はるたか》　天明二年（一七八二年）
斉隆《なりたか》　天明二－寛政七年（一七八二－一七九五年）
斉清《なりきよ》　寛政七－天保五年（一七九五－一八三四年）
長溥《ながひろ》　天保五－明治二年（一八三四－一八六九年）
長知《ながとも》　明治二－四年（一八六九－一八七一年）

黒田騒動

二代藩主・忠之の時代の御家騒動。忠之は長政の代から仕えてきた家老・栗山大膳を退け、新参の倉八《くらはち》十太夫らを重用。大船の建造や足軽の増員など、忠之に禁止されている行為が多かったため、大膳は「藩主に謀反の疑いあり」と幕府に訴え出た。評定の結果、忠之はいったん領地を召上げられたが、新たに筑前国をあてがわれ、福岡藩は存続することになる。騒動を起こした大膳は盛岡藩南部家お預け、倉八十太夫は高野山追放で決着し、事なきを得た。

島原の乱

肥前島原と、唐津藩の飛び地・天草の農民たちが、藩による過酷な年貢の取り立てや、キリシタンの弾圧に対して起こした一揆。天草四郎時貞を先頭にして原城に立て籠もったが、幕府は寛永十五年二月、原城を総攻撃し鎮圧した。この鎮圧に福岡藩も二万余の軍勢を派遣した。

東西学問所

東学問所は修猷館で福岡城上之橋門の前にあり、西学問所は甘棠《かんとう》館《かん》で唐人町にあった。寛政十年に甘棠館は焼失し廃校となり、学生は修猷館へ編入となった。修猷館は明治まで続き、明治二年の廃藩置県で廃校となったが、その後再興され、明治十八年に英語専修学校として福岡県立修猷館が開校し、昭和二十四年に福岡県立修猷館高等学校となり、現在に至る。

主な参考文献・資料

竹内理三他『福岡県の歴史』文画堂、一九五六年
福岡市教育委員会『福岡城の櫓』一九九四年
朝日新聞福岡本部編『福岡城物語（はかた学7）』葦書房、一九九六年
千田嘉博「別冊歴史読本　図説正保城絵図」新人物往来社、二〇〇一年
福岡地方史研究会編「福岡地方史研究42」海鳥社、二〇〇四年
益田啓一郎編『ふくおか絵葉書浪漫』海鳥社、二〇〇四年
荻野忠行『福岡城祈念櫓・月見櫓・大手門のなぞ』梓書院、二〇〇四年
荻野忠行『福岡城天守と金箔鯱瓦・南三階櫓』梓書院、二〇〇五年
中井均、三浦正幸他『よみがえる日本の城20』学習研究社、二〇〇五年
アクロス福岡文化誌編纂委員会編『福岡県の名城』海鳥社、二〇一三年
福岡市博物館監修『福岡博覧』海鳥社、二〇一三年
福岡市史編纂委員会編『新修福岡市史特別編　福岡城　築城から現代まで』福岡市、二〇一三年
鴻臚館・福岡城歴史・観光・市民の会「お城だより」
「福岡城模型見学のしおり」株式会社しんわ
前記のほかに、福岡城むかし探訪館の福岡城模型を参考にした。

あとがき

小学生のころからお城に興味を持ち、書店で購入した本の写真を見たり、厚紙で模型をつくったりして楽しんでいた。その後、昔のお城の古い写真に関心を持ち始め、二十代のころより少しずつ蒐集してきた。現在まで三十数年にわたり集めた古写真や地図は、かなりの数量になった。地元、福岡城の資料もまとまった量になったため、多くの福岡城ファンや城郭ファンの方々に見ていただこうと思い、出版を検討した。平成二十四年から構想を練り始め、休日や夜間に少しずつ原稿を作成していき、平成二十五年十二月、ほぼ原稿が出来上がった。しかし、その時、意外な本が出版された。福岡市が発行した『福岡市史特別編福岡城』である。以前より出版されることは知っていたものの、これほど本格的な福岡城の専門書であるとは予想していなかった。そのため、出版を中止しようかとも考えたが、新出の古写真も数枚あり、また、絵葉書研究会の長副博之氏にも二枚の古写真の提供をしていただけたので、最終的に出版を決意した。当初の原稿に『福岡市史特別編　福岡城』も参考にして、海鳥社と何度も協議を行い、まとめた。これらの資料が今後の福岡城の研究や建造物の復元に役立てば幸いである。

なお、五〇ページに掲載した祈念櫓の写真の所有者を探したが、わからなかった。しかし、当時の様子がわかる貴重な写真であり、著作権保護期間も過ぎていると思われるため、出典を記して私と出版社の責任において転載させていただいたことをお断りしておく。

ところで、福岡城の古写真と私との関わりが始まったのは、昭和五十二年である。福岡市内のデパートで開催された古書市で、黒田別邸に移築された武具櫓が写っている古絵葉書（三六ページ掲載）を発見した。それまでは、図書館の郷土書などに公開されている古写真を見て楽しむ程度であったが、この武具櫓の写真は当時は大変珍しいもので、郷土史家を通じて西日本新聞にも掲載された。

その後、しばらく新しい発見はなかったが、平成七年ごろ、市内箱崎の古書店で松木坂御門跡屏風櫓の古絵葉書（四二ページの④）を発見した。この絵葉書写真を見た時の感動は大変なもので、こんなものがまだあるのかと驚愕した。この古書店のご主人は、膨大な枚数を持つ熱心な古絵葉書のコレクターで、松木坂御門跡の絵葉書もそのコレクションの中の一枚であるため非売品であった。しかし、幸い同じものが二枚あるとのことで、快く一枚を販売していただいた。これを機会に真剣に古写真蒐集に力を入れるようになり、各地の古書店や古書市・骨董市、市内で開催されるオークションなどに出かけるようになった。ネットオークションにも十年以上参加している。

こうして現在までにお城関係の多くの古絵葉書や古写真、鳥瞰図などを集めてきたが、珍しいものや新発見のものは、年に二、三枚ほどである。特にネットオークションでは驚くほどの値段になることもあり、そういった高額な古写真は入手できていない。しかし珍品や新発見のものが自分の予算以内で購入できた時は最高であり、今後も新しい発見を期待して蒐集を続けていくつもりである。

最後に、協力していただいた長副博之氏や合資会社アソシエの益田啓一郎氏、そして最後まで熱心に対応していただいた海鳥社の杉本編集部長に大変お世話になりました。お礼申しあげます。

平成二十七年五月

後藤仁公

後藤仁公（ごとう・とよきみ／本名・後藤知之《ともゆき》）
1952年大分県生まれ。一級建築士、城郭古写真コレクター。建設会社勤務時代に熊本城宇土櫓（国指定重要文化財）保存修理工事や熊本城本丸御殿復元工事の施工管理に従事。その成果を「歴史読本」（新人物往来社）や「日本城郭史学会城郭史研究」（東京堂出版）に寄稿。著書に『古絵葉書でみる日本の城』（東京堂出版、2009年）がある。現在、鴻臚館・福岡城歴史・観光・市民の会、日本城郭史学会、日本絵葉書研究会の各会員。福岡市城南区在住。

古写真《こしゃしん》で読《よ》み解《と》く福岡城《ふくおかじょう》

■

2015年6月10日　第1刷発行

■

著者　後藤仁公

発行者　西　俊明

発行所　有限会社海鳥社

〒812-0023　福岡市博多区奈良屋町13番4号

電話092(272)0120　FAX092(272)0121

印刷・製本　大村印刷株式会社

ISBN 978-4-87415-945-3

http://kaichosha-f.co.jp/

[定価は表紙カバーに表示]